부를 끌어당기는
내 사주 사용법

천 명의 운명을 바꾼 사연남의 사주 입문서

부를 끌어당기는
내 사주 사용법

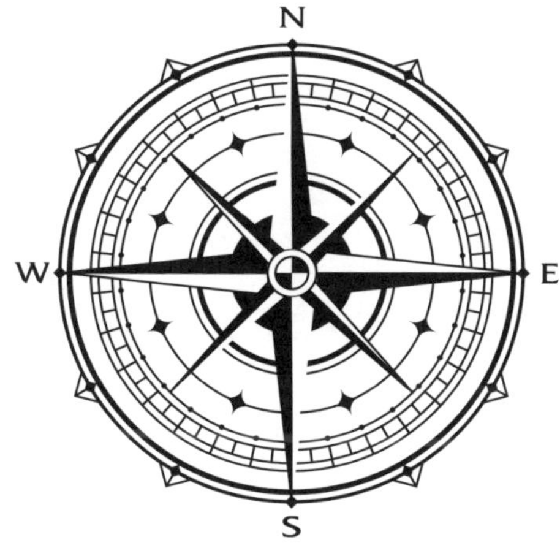

비타북스

운은 움직이는 사람에게 찾아옵니다

✦ ✦ ✦

사주에 천만 원 넘게 써본 사람이 이 세상에 있을까요?

네, 바로 접니다. 상담받으면서 쓴 금액만 5백만 원 이상 되고, 사주 배우느라 쓴 교육비도 5백만 원이 훌쩍 넘습니다. 왜 이렇게 많은 돈을 썼을까요? 답은 간단합니다. 너무나 많은 사주 선생님들이 전혀 다른 이야기를 했기 때문입니다.

어쩌면 이것이 제가 사주를 공부하는 데 그치지 않고 집착까지 하게 된 계기인지도 모릅니다. 사주를 볼 때마다 다른 이야기를 들으니, 도대체 어떤 말이 맞는지 알 수 없었거든요. 하루하루 사는 게 불안하고 모든 일이 안 풀렸던 제게는 사주가 마지막 동아줄이나 마찬가지였는데 말이죠. 제 사주를 똑같이 두고 누구는 "평생 부자로 살 것"이라고 해석하고, 또 누구는 "돈을 벌 수 있는 사주는 아니다"라고 해석하니, 저는 대체 어느 쪽이 진실인지 궁금해졌습니다. 사주라는 게 정말 믿을 만한 건지, 아니면 그냥 위로하려고 꾸며낸 이야기인지도 확인하고 싶었죠. 그래서 직접 파고들어 보기로 한 것입니다.

그렇게 사주 공부를 10년 넘게 계속해 오면서, 제 사주가 어떤 사주인지 정확히 파악하게 됐습니다. 그 덕에 어떤 방향으로 가면 원하는 길로, 돈이 되는 길로, 행복한 길로 나아갈 수 있는지도 깨닫게 됐고요. 저 자신을 대상으로 배운 걸 하나하나 테스트해보기도 했습니다. 제가 하는 일부터 시작해서 인간관계, 나아가 주식 투자까지도요. 그 결과 사주 공부를 시작할 무렵 노량진 고시촌의 평범한 공무원 준비생이었던 저는, 이 책을 쓰고 있는 지금 월 매출 1억이 훌쩍 넘는 광고 회사 법인의 대표가 되었습니다.

다달이 벌어들이는 돈도 물론 중요하지만, 가장 소중한 깨달음은 제가 무엇을 했을 때 마음이 충만해지고 행복해지는지 확신하게 됐다는 점입니다. 공부한 사주를 직접 저 자신에게 테스트한 결과, 제가 행복한 일을 하면서 돈도 벌 수 있게 된 것이 가장 큰 보물인 것이죠. 사주 공부를 하길 잘했다 싶은 나날입니다.

이처럼 사주를 활용해 삶이 전보다 더 충만해지고 풍성해지다 보니 자연스럽게 주변 사업가 지인들의 사주도 봐주게 됐습니다. 그렇게 시작한 일이 소개로 이어지고 또 이어져 유명인, 코인 부자, '금 수저', 소위 잘나가는 분들의 사주도 많이 보게 됐죠. 거기에 더해 과거의 저 같은 공무원 준비생, 사회 초년생, 또

결혼을 앞둔 사람들, 반대로 이혼을 원하는 사람들, 삶의 끝자락에 있는 사람들까지, 어느새 천 명 이상의 사주를 보게 됐고요.

오랜 기간 그분들의 인생과 사주가 어떻게 맞물려 흘러가는지 지켜보며 많은 데이터를 쌓은 덕에, 저 자신도 더 배우고 깨닫고 있습니다. 사주를 인생에 적용하면서 사는 삶이지요.

수십 번의 상담이 남긴 혼란

누구든 초년운 시기에 직면하는 가장 큰 고민은 어떤 직업으로 내 생을 꾸려갈지 결정하는 일일 겁니다. 앞서 제가 20대 초반에 공무원 준비생이었다고 말씀드렸죠? 가족 모두가 공무원이었기에, 저 또한 자연스럽게 그 일을 하게 될 거라 믿어 의심치 않던 시절이었습니다. 그래서 군 제대 후 대학에 복학하지 않고 노량진으로 들어갔습니다.

전국에서 점집이 가장 많은 곳이 노량진과 신림동 고시촌이라는 사실을 알고 계시나요? 저는 당시 공무원 시험에 계속 떨어졌고, 매일이 막막하기만 했어요. 게다가 공부를 하면 할수록, 공무원이 점점 더 하기 싫어졌죠. '난 공무원을 원하지 않는데 왜 시험을 준비하고 있는 거지?' 이런 생각만이 머릿속을 가득

채울 때였어요. 어느 날 저녁을 먹으러 식당 골목을 찾았는데, 한 가게의 간판이며 창에 붙은 이런 문구들이 눈에 띄었습니다. '사주, 타로, 시험운, 재물운, 이성운……' 이 중 '시험운'에 꽂혀 홀린 듯 안으로 들어간 건 당연한 일이겠지요. 작고 허름한 가게 안에는 사주를 보는 분이 계셨습니다.

"무엇이 알고 싶으세요?"

"공무원 시험을 준비하고 있는데요. 시험에 붙을 수 있을지, 공무원이 저에게 맞는지 궁금합니다."

제 질문에 그분은 사주를 보더니 이렇게 답했습니다.

"관성이 많으니 공무원이 딱 맞네요. 다만 일반 공무원보다는 경찰이나 소방관 같은 쪽이 더 어울려요."

당황스러웠습니다. 준비하던 시험이 경찰이나 소방관도 아니었고요. 솔직히 거부감이 들 정도였습니다. 그래서 다른 분에게 사주를 더 봐야겠다고 생각했지요. 저는 다른 사주 선생님을 찾아갔습니다. 그런데 첫 번째 선생님이 말한 것과 전혀 다른 이야기를 했어요. "공무원이 맞긴 한데, 아무 분야나 준비해도 상관없어요"라고요. 그리고 세 번째로 상담받은 선생님은 "사주상 공무원은 안 맞으니, 꿈을 따라가는 게 맞습니다" 하고 말하더군요. 뭐가 맞는지 도무지 모르겠더라고요. 어떤 분은 맞다 하고, 어떤 분은 틀리다 하고…….

그렇게 전 길거리 타로 카페부터 유명하다는 역학관까지, 채팅 상담부터 대면 상담까지, 이런저런 방식의 사주 상담을 50회 넘게 받게 됐습니다. 앞서 말씀드린 5백만 원이 그때 그렇게 쓴 것입니다. 초반에는 재미도 있었습니다. "오늘 좋은 일 있을 것"이라거나 "올해 좋은 소식 들려올 것" 같은 말들이 기분을 좋게 해줬거든요.

하지만 똑같은 질문에 대한 대답이 사람마다 계속 천차만별로 차이가 나자, 의심이 들기 시작했습니다. '사주라는 게 진짜이긴 한 건가? 사람들이 괜히 사주를 보는 게 아닐 텐데.' 그러다가 문득 생각했지요. '어차피 공무원 공부도 잘 안 풀리는데, 사주를 한번 제대로 공부해 보고 싶다.' 그때부터는 단순한 호기심을 넘어선 진지한 관심을 갖고 사주를 대하게 됐습니다.

첫 번째 스승, 겉핥기의 한계

사주 공부를 위해 가장 처음 찾아간 건 사주 블로그로 유명한 선생님이었습니다. '왕초보도 하루면 사주 마스터'라는 광고 문구에 끌려서 등록했죠. 당시에는 빨리 배워서 제 사주를 정확히 알고 싶었거든요. 수업은 정말 빠르게 진행됐습니다.

"여기 보이시죠? 이게 재성이면 돈을 많이 벌어요. 이게 관성이면 직장 다니는 게 좋고요. 이게 식신이면 창업하세요."

모든 게 공식처럼 딱딱 떨어졌습니다. 처음엔 신기했어요. 이렇게 간단한 거였구나 싶었거든요. 하지만 며칠 지나니 의문이 들었습니다.

"선생님, 재성이면 왜 돈을 많이 버는 건가요?"

"그냥 외우세요. 옛날부터 그래왔어요."

"그럼 재성이 약하면 어떻게 되나요?"

"그럼 돈 못 벌어요. 다음 시간에 배울 거예요."

하지만 사주가 그렇게 간단한 거였다면, 제가 사주를 봤을 때에도 모두 같은 답이 나와야 했습니다. 그렇게 단순하지 않기에 제각기 해석이 달랐던 것 아니었을까요? 첫 번째 스승님은 모든 답이 "외우세요", "그냥 그런 거예요"로 끝났습니다. 배우는 내내 목이 말랐습니다. 뭔가 배우고 있는 것 같긴 한데, 껍데기만 핥고 있는 느낌이었어요. 결국 3개월 정도 다니고 그곳을 그만뒀습니다. '이런 식으로는 평생 배워도 제대로 된 상담은 못 하겠구나' 하는 생각이 들었거든요. 빠르고 쉬운 가르침만으로는 진짜 실력이 늘지 않는다는 걸 깨달았죠.

두 번째 스승, 깊이와 현실의 간극

두 번째 스승은 전통 사주학파였습니다. 첫 번째 경험이 너무 얕았던 터라, 이번엔 깊이 있게 제대로 배우고 싶었어요. 그래서 '정통 사주학'이라고 광고하는 곳을 찾아갔습니다. 첫 수업부터 완전히 다른 세계가 펼쳐졌죠.

"사주는 천지인삼재의 조화입니다. 하늘의 기운인 천간과 땅의 기운인 지지가 어우러져 사람의 운명을 만들어냅니다. 오늘은 천간 십간의 기원부터 차근차근 살펴보겠습니다."

선생님이 고전 서적을 펼치며 설명하는 모습에서 깊이를 느낄 수 있었습니다. 『적천수』, 『자평진전』 같은 책들을 인용하면서 설명해 주니까 '이게 진짜구나' 싶었어요. 매 수업이 새로웠고, 사주의 근본 원리를 하나씩 깨우쳐간다는 실감이 났습니다. 천간의 오행 성질, 지지의 계절별 특성, 십신의 상호 작용까지, 정말 자세히 배웠습니다. 공부하면 할수록 사주의 깊이에 감탄했어요. 수천 년 동안 축적된 지혜가 느껴졌거든요.

그런데 문제가 있었습니다. 너무 학문적이어서 현실에 적용하기가 어려웠던 겁니다. "정유년 병신월에 태어난 경금은 겨울 금이라 차가우니 정화의 따뜻함이 필요하고……"라는 설명을 듣고 나면, '그래서 지금 저는 뭘 해야 하나요?'라는 질문이 떠올랐습니다. 두 번째 스승님과는 이런 대화를 주고받곤 했습니다.

"선생님, 그럼 이런 사주를 가진 사람은 어떤 직업이 좋나요?"

"원리를 먼저 완전히 이해하세요. 응용은 그다음입니다."

"언제쯤 취업이 될까요?"

"사주는 점이 아닙니다. 학문입니다."

이처럼 깊이는 얻었지만 실생활과 연결되지 않는 답답함은 계속됐습니다. 1년 반쯤 다니고 나서도 제 앞날에 대한 구체적인 답은 얻지 못했어요.

세 번째 스승, 실용성의 함정

세 번째 스승은 앞의 두 분과는 또 달랐습니다.

"사주는 바로 써먹어야 합니다. 복잡한 이론이 아닌 통계와 경험이 전부예요."

홍보 문구부터 확실했어요. '실전에서 바로 활용하는 사주 기법'이라고 쓰여 있었거든요. 선생님은 20년 넘게 상담을 해온 분이었어요. 실제 상담 사례를 수도 없이 들려주면서 즉시 활용 가능한 기술들을 가르쳐줬지요.

“여기서 식신이 강하면 무조건 창업이에요. 제가 봐온 사람만 수천 명인데 틀린 적이 없어요. 약하면 직장인으로 가야 해요.”

명쾌하고 단정적이었죠.

“이론은 필요 없어요. 결과만 중요해요. 사주 보러 오는 사람들은 철학을 듣고 싶어서 오는 게 아니거든요.”

처음에는 정말 좋았습니다. 친구들 사주를 봐주면서 “너는 이런 직업이 맞아”, “너는 내년에 좋은 일 있을 거야” 하고 단언할 수 있었으니까요. 받은 사람들이 맞는 것 같다고 하니 보람도 느꼈고요.

하지만 몇 개월 지나니 한계가 보였어요. 세 번째 스승은 경험담을 정말 많이 들려줬는데, 모든 말이 “제가 봐온 사람 중에는……”라거나 “제 경험으로는……”라는 식이었거든요. ‘왜’에 대한 설명은 없었죠. 그러다 보니 조금만 다른 상황이 나와도 헷갈렸습니다. 예를 들어 ‘식신이 강하면 창업’이라고 배웠는데, 식신이 강한 상황에서 다른 조건들이 복잡하게 얽혀 있으면 그건 또 어떻게 판단해야 할지 모르겠더라고요. 원리를 모르니 응용이 안 됐던 겁니다.

천만 원으로 얻은 진짜 깨달음

상담비 5백만 원, 교육비 5백만 원, 도합 천만 원을 넘게 쓰고 나서야 결론을 내릴 수 있었습니다. 어느 한 가지 방법으로는 사주를 완전하게 이해할 수 없다는 것이었죠. 첫 번째 스승의 기초적인 판단법, 두 번째 스승의 이론적 깊이, 세 번째 스승의 실용적 접근법, 이 모든 게 다 필요했던 겁니다. 하지만 무엇보다 중요한 건 사주의 본질을 이해하는 것이었습니다. <u>사주는 인생의 방향성을 알려주는 나침반이라는 것이 핵심이었어요.</u> 돌이켜 보니 세 스승 모두가 저마다 다른 방식으로 같은 말을 하고 있었더라고요. 사주는 '어디로 나아가야 할지, 어떤 사람을 만나야 할지, 언제 돈의 흐름이 열릴지' 큰 그림을 보여준다는 사실이었죠.

깨달음을 얻은 저는 직접 상담을 시작했습니다. 주변 지인들부터 시작했고, 그들의 소개로 점점 상담 요청이 늘어났습니다. 그리고 사주를 보며 확신했습니다. 사람이 사주대로만 사는 건 아니지만, 인생의 큰 흐름은 놀라울 정도로 사주와 일치한다는 것을요. 사주는 정해진 운명을 알려주는 게 아니라, 가능성과 방향성을 제시해 주는 도구였습니다. 같은 사주를 가진 사람이라도 어떤 선택을 하느냐에 따라 인생은 완전히 달라질 수 있었죠.

"선생님, 제 운명은 이미 결정된 건가요?"

상담실에서 자주 듣는 질문입니다. 그러면 저는 이렇게 답합니다.

"운명은 정해져 있지 않습니다. 하지만 당신이 걸어가야 할 방향은 있어요. 사주는 그 방향을 가리키는 나침반일 뿐입니다."

재물운이 좋다고 나와도 아무것도 하지 않으면 돈은 저절로 생기지 않습니다. 반대로 재물운이 약하다고 해도 적절한 노력과 방향을 찾으면 충분히 성공할 수 있습니다. 사주는 어떤 방향으로 어떻게 노력을 해야 하는지 알려줍니다. 이제 와서 생각해봐도, 그 시절 쓴 천만 원은 전혀 아깝지 않습니다. 그 돈으로 저는 진짜 사주가 무엇인지 배웠거든요. 단순히 미래를 점치는 도구가 아니라 인생의 방향을 찾는 나침반이라는 진실을요.

여러분도 지금 서 있는 자리에서 사주가 가리키는 방향을 한번 살펴보세요. 그리고 그 방향을 따라 한 걸음 내디뎌 보시기 바랍니다. 무엇보다 운은 움직이는 사람에게 찾아옵니다.

우리가 운을 공부해야 하는 이유

+ + +

"안녕하세요 상담 예약하신 분이지요?"

여느 때처럼 사주 상담 예약이 들어와서 전화를 드린 날이었습니다. 그런데 전화를 받는 상대방의 목소리가 많이 지쳐 있더라고요. 평소의 상담 전화와는 다른 무게감이 느껴졌습니다.

"네, 맞습니다, 선생님. 죽기 전에 사주 상담이라도 한번 받아보고 싶어서요. 제 운명이 대체 어쩌다 이렇게 됐는지 알고 싶거든요."

순간 말문이 막혔습니다. 이런 말을 하는 분들이 가끔 계시지만, 그때마다 어떤 말부터 꺼내야 할지 늘 조심스럽습니다.

"많이 힘드셨나 봐요. 일단 어떤 일을 겪으셨는지 차근차근 말씀해 주세요."

저는 최대한 차분하게 이야기를 들어보기로 했습니다. 급하게 해결책을 제시하기보다는 상황을 정확히 파악하는 게 더 중요하니까요.

내담자는 40대 중반의 남성이었고, 10년 넘게 작은 음식점을 운영하고 있었습니다.

"처음엔 하루 매출이 몇만 원 나올까 말까 했었죠. 가게 세 내기도 빠듯해 몇 번이나 접을까 고민했고요."

그럼에도 포기하지 않았던 이유를 물어보니, 어머니가 해주던 음식 맛을 재현하고 싶었다고 했습니다.

"어머니가 돌아가시기 전에 '네가 만든 음식이 제일 맛있다'고 하셨거든요. 그 말씀이 계속 마음에 남아 있었어요. 몇 년 동안은 정말 어려웠죠. 그래도 새벽 시장까지 직접 나가서 좋은 것을 골라 사 왔고, 소스도 수백 번의 시행착오를 거쳐 개발했어요. 손님이 별로 없어도 늘 최선을 다했고요. 언젠간 알아주는 사람이 있을 거라고 믿었거든요."

노력이 결실을 맺기 시작한 건 5년 전쯤이었습니다.

"SNS에 올라온 후기 하나가 화제가 되면서 손님이 조금씩 늘기 시작했어요. 그다음 해부터는 웨이팅도 생겼고, 특히 주말이 되면 정말 많이 바빴죠. 멀리서도 찾아오는 손님들이 생기면서 매출이 크게 늘었어요."

문제는 혼자 하기엔 너무 벅찼다는 겁니다.

"주방에서 요리하느라 손님 응대도 제대로 못 하고, 재료 준비를 하느라 밤늦게까지 일하고. 그때 어떤 분이 동업을 제안했어요. 요식업 경험이 20년 넘는다면서 투자도 하고 운영도 도와준다고 하는 거예요. 처음엔 정말 기쁜 마음으로 반겼어요. 그분이 와서 홀 관리도 해주고, 재료 주문도 체계적으로 해주고, 매출도 더 늘었거든요."

6개월 정도는 정말 좋았다고 합니다. 요리에만 집중할 수 있어서 메뉴 개발도 더 할 수 있었고, 손님들 만족도도 높아졌고요. 하지만 문제는 그다음이었습니다.

"어느 날부터 이상하더라고요. 제가 개발한 새 소스 레시피를 자꾸 물어보고, 휴대폰으로 몰래 사진을 찍기도 하고. 처음엔 단순히 관심이 많아서 그런 줄 알았어요. 같이 일하는 사이니까 당연히 알아야 하는 거 아닌가 싶었고요. 그런데 점점 더 수상하게 행동하더라고요. 오랜 직원들한테 따로 만나자고 한다든가. 나중에 알고 보니 다른 데서 일하자고 제안하고 있었어요. 저보다 조건도 좋게 해준다면서요."

그러던 어느 날 갑자기 사정이 생겨서 더 이상 같이할 수 없다며 나가 버렸다고 합니다.

"그때까지만 해도 단순히 개인 사정이 생긴 줄로 알았어요. 전 고마웠다고 인사도 했죠. 하지만 한 달 후, 충격적인 일이 벌어졌어요. 그 사람이 제 가게에서 3백 미터 떨어진 곳에 똑같은 이름, 똑같은 메뉴로 새 가게를 연 거예요. 심지어 제가 개발한 시그니처 소스까지 똑같이 쓰고 있었어요."

더 충격적인 건 그다음이었어요.

"주변 상인들한테 이상한 소문을 냈더라고요. 원래 자기가 개발한 거였는데 제가 훔쳐서 혼자 만든 척한 거라고 말하고 다녔습니다. 자기가 진짜 원조라고 하면서요."

그렇게 10년 넘게 쌓아온 신뢰가 하루아침에 무너졌고, 단골 손님들도 많이 빠져나간 겁니다.

사주에서 확인한 피할 수 없었던 시기

내담자의 이야기를 듣고 사주를 봤습니다. 생년월일시를 확인하고 대운과 세운을 살펴보니 예상했던 대로였어요. 작년부터 올해까지 사건 사고가 많이 발생할 수 있는 시기였습니다. 특히 동업이나 파트너십에서 큰 손실을 입기 쉬운 흐름이었어요.

"혹시 동업자분 생년월일을 아시나요?"

다행히 계약서를 쓸 때 신분증을 봤다며 기억하고 계셨습니다. 동업자 사주도 같이 분석해 보니, 궁합이 매우 안 좋았습니다. 내담자의 기운이 상대적으로 약해서 빼앗기기 쉬운 구조였고, 동업자 쪽에서는 남의 것을 가져오는 기운이 강하게 나타나 있었어요.

더 자세히 분석해 보니 동업자의 사주에는 교묘하고 영리한 면이 강하게 나타나 있었습니다. 겉으로는 도움을 주는 것 같지만 실제로는 자신의 이익을 위해 움직이는 타입이었어요. 반면 내담자는 순수하고 진실한 성향이 강해서 상대의 진짜 의도를 파악하기 어려운 사주였습니다.

"지금 겪고 계신 어려움은 우연이 아닙니다. 사주상 이런 일이 일어날 수 있는 시기예요."

하지만 그렇게만 말하면 더 절망할까 싶어 조심스럽게 덧붙였습니다.

"다만 이런 시기가 계속되는 건 아니에요. 모든 운에는 시작과 끝이 있거든요."

비록 기술과 노하우를 뺏기고 사업적으로 큰 피해를 입었지만, 그 순수하고 진실한 성향은 내담자의 가장 큰 강점이었습니다. 그 진심 덕분에 단골이 다시 생기고, 음식을 진지하게 탐구하는 자세 덕분에 언젠가는 다시 일어날 수 있을 터였습니다.

이런 운의 흐름은 시기에 따라 달라집니다. 세운으로 보면 1년마다 바뀔 수 있고, 대운으로 보면 10년 단위로 크게 바뀔 수 있어요.

이 내담자의 경우처럼 중요한 기로에 서 있는 사람에게는 매 1년이 매우 중요합니다. 매년 어떤 결정을 내리느냐에 따라 성패가 갈릴 수도 있습니다. 그래서 저는 내담자에게 앞으로 3년 동안 매해 어떤 식으로 행동해야 할지 구체적인 계획을 세워주기로 결심했습니다.

조금씩 보이기 시작한 희망의 싹

"저는 앞으로 어떻게 해야 하나요? 지금까지 쌓아온 걸 다 잃고 새로 시작해야 하는 건가요?"

내담자의 목소리에 절망감이 묻어났습니다. 사주를 더 자세히 분석해서 미래의 흐름을 봤습니다. 다행히 희망적인 부분들이 보였어요. 내담자의 사주에는 원래 음식과 관련된 재능이 강하게 나타나 있었거든요.

"힘든 운이 내년 중반쯤 끝나고, 그다음부터는 새로운 사업운이 시작됩니다. 특히 2년 후부터는 이전보다 훨씬 좋은 흐름이 올 거예요. 다만 몇 가지 조건이 있어요. 첫째, 앞으로는 동업을 하더라도 정말 신중하게 선택해야 해요."

그리고 내담자와 상극이 되는 사주의 특징을 구체적으로 알려줬습니다. 교묘하고 계산적인 성향이 강한 사람, 욕심이 지나치게 많은 사람, 남의 성과를 자기 것으로 만드는 경향이 있는 사람들의 특징을 설명해 줬어요. 반대로 궁합이 좋은 사람들의 특징도 알려줬습니다.

"성실하고 묵묵히 일하는 타입, 장기적인 관점에서 생각하는 사람, 신뢰를 중요하게 여기는 사람들과는 좋은 시너지를 낼 수 있어요. 그다음 둘째, 당분간은 혼자 일하는 게 안전해 보여요. 지금은 신뢰할 만한 사람을 구분하기가 어려운 시기거든요."

내담자는 앞으로 2년 정도 사람을 보는 눈이 흐려질 수 있는 시기였어요.

"힘들겠지만, 혼자 작게라도 시작해서 기반을 다지는 게 좋겠어요. 마지막 셋째, 너무 성급하게 확장하려고 하지 마세요. 지금의 실패는 욕심이 아니라 타이밍과 사람 때문이었어요."

내담자의 진짜 실력은 이미 검증됐다고 말씀드렸어요. 그 증거가 바로 동업자가 그 비법을 훔쳐간 일 아니겠느냐고요. 구체적인 실행 방안도 제안했습니다.

"포장마차든 작은 매장이든 상관없으니, 일단 작은 규모로 시작하세요. 중요한 건 선생님만의 색깔을 유지하는 거예요."

그리고 손님들과 관계를 다시 쌓아갈 방법, 비법을 보호할 방안도 알려줬어요. 상담이 끝날 무렵, 내담자의 목소리가 조금 밝아진 게 느껴졌습니다.

"선생님, 정말 다시 일어설 수 있을까요?"

"네, 확신합니다. 다만 조금 시간이 걸릴 수는 있어요. 하지만 이번에는 제대로 된 기반 위에서 성장할 수 있을 거예요."

그렇게 상담을 끝내고 반년 정도 지난 어느 날, 그분으로부터 전화가 왔습니다. 목소리가 많이 달라져 있더라고요. 밝고 활기찼어요. 그리고 작은 포장마차부터 다시 시작한 이야기를 들려줬습니다.

"죽고 싶을 정도로 힘들었는데, 선생님 말씀을 듣고 다시 마음을 잡았어요. 정말 감사합니다. 처음엔 하루에 몇 명 안 왔는데, 지금은 단골손님이 조금씩 생기고 있어요."

더 놀라운 건 그다음 이야기였어요.

"예전 가게 단골이었던 분들이 하나둘씩 다시 찾아오고 있어요. 그분들이 '진짜는 여기다' 하면서 소문도 내주고요. 정말 진짜를 알아보는 사람들이 있었던 거예요. 그리고 선생님이 조심하라고 한 타입의 사람들이 몇 번 접근했는데, 다 거절했어요. 신기하게 그런 사람들이 눈에 보이더라고요."

사주 상담의 효과가 실제로 나타나고 있었습니다.

"혼자 하니까 마음도 편하고, 제가 원하는 대로 할 수 있어서 좋아요. 매출은 예전만큼 크진 않지만 안정적이고, 무엇보다 스트레스가 없어요."

내담자의 목소리에서 진실된 만족감이 느껴졌습니다.

한 가지를 관통하는 본질

이 상담을 통해 저는 여러 가지를 깨달았습니다.

첫째, 사주 공부를 하는 이유가 단순히 호기심이나 지식 때문만은 아니라는 것이었어요. 누군가의 인생에 도움이 될 수 있다는 것, 때로는 생명까지도 구하는 도구가 될 수도 있다는 걸 실감했습니다.

둘째, 사주는 단순히 미래를 예측하는 도구가 아니라 과거와 현재를 이해하고 앞으로의 일을 대비할 수 있게 해주는 지침서라는 것이었습니다. 내담자에게 일어난 일이 우연이 아니라 필연이었다는 것을 알려줌으로써, 그분이 자책하지 않고 앞으로 나아갈 수 있도록 도울 수 있었거든요. 자신을 믿고 미래를 기대하도록 힘을 주었고요.

셋째, 정확한 진단만큼 중요한 건 따뜻한 마음으로 전달하는 일이라는 걸 배웠습니다. 아무리 정확한 분석이라도 상처받은 사람에게 차갑게 전달하면 더 큰 상처만 남기게 되지요. 희망을 잃지 않도록 도우면서도 현실적인 조언을 해주는 것, 그게 진짜 사주라고 생각합니다.

이 경험은 제가 사주를 공부하는 태도를 완전히 바꿔놓았습니다. 더욱 정확하고 깊이 있게 공부해야겠다고 결심했고, 무엇보다 따뜻한 마음을 잃지 않으려고 노력하게 됐어요. 사주는 기술이기도 하지만 마음이기도 하다는 것을 깨달았습니다.

이 책에는 제가 가진 사주에 대한 지식과 사주를 다루는 마음 모두가 빠짐없이 담겨 있습니다. 사주라는 것이 무조건 진리는 아닙니다. 하지만 살아가면서 내가 덜 불행하며 더 행복하게 살 수 있는 방향성을 보여줄 수는 있습니다. 즉, 인생의 나침반 역할이라는 뜻입니다.

사주를 통해 앞으로의 인생에서 만나게 될 인연들 또한 나에게 행복을 가져다줄 수 있는 관계로 채울 수 있습니다. 부디 지금부터 펼쳐질 사주의 향연을 통해 여러분 삶에 크나큰 변화가 시작되길 기원합니다.

2025년 겨울
사연남

차례

2장
나를 들여다볼 수 있는 사람이 이긴다

3장
운을 활용하는 사람이 이긴다

에필로그

○ ◇ ○

부록

운을 끌어당기는
초년운, 중년운, 말년운 전략

1장

운을
공부하는 사람이
이긴다

아무리 어려운 사주라도,

아무리 힘든 시기를 겪고 있어도,

좋은 흐름이 들어오는 때는

반드시 있습니다.

운은 움직이는 사람에게
기회를 가져다준다

+ + +

평소 관심도 없던 사람이 사주를 찾게 되는 이유는 무엇일까요? 지금까지 사주 같은 건 믿지 않던 이라도, 현실이 막막해지면 뭐라도 붙잡고 싶어집니다. 마지막 지푸라기라도 잡는 심정으로요. 제 지인도 그런 경우였습니다.

오래된 지인의 뜻밖의 요청

그 지인은 10년 넘게 친분이 있던 사이였습니다. 제가 사주 공부를 하고 상담을 한다는 걸 알고는 있었지만, 그동안 제게 사주를 물어본 적은 한 번도 없었어요. 오히려 "그런 거 믿어?" 하면서 불편한 기색을 보였죠. 그런데 어느 날 연락해서는 "형, 시간 있으면 술 한잔 할까? 요즘 너무 답답해서” 하고 풀 죽은 목소리로 청하더라고요. 평소 활발하고 긍정적인 성격이었는데 말이지요. 만나서 이야기를 들어보니 정말 힘든 상황이었어요. 2년 전에 시작한 사업이 좀처럼 풀리지 않고 있었거든요. 그래도 첫 1년은 그럭저럭 괜찮았는데, 작년부터는 매출이 계속 떨어지고 있다고 했습니다.

“형, 나 정말 운이 없는 것 같아. 뭘 해도 안 돼. 언제쯤이면 좋아질까? 아니, 좋아지기는 할까? 사업을 그만두고 주식이나 다른 투자를 해야 할까? 아니면 조금 더 버텨볼까?”

평소 사주를 전혀 신경 쓰지 않던 사람이 ‘운’ 같은 소리를 한다는 건, 정말 막막하다는 뜻이었습니다. 그날 밤 술을 마시면서 이야기를 더 자세히 들어봤습니다. 사업 내용도 좋고 아이템도 나쁘지 않았어요. 다만 타이밍이 안 좋은 것 같았습니다. 코로나 팬데믹 시기에 매출이 많이 떨어졌고, 그 이후로는 회복이 잘 안 되고 있었지요.

“요즘 정말 잠도 안 와. 밤에 누워 있으면 ‘뭘 잘못했을까’, ‘다른 일을 해야 하나’, ‘이대로 망하는 건 아닐까’ 이런 생각만 들어. 매출을 늘리려면 마케팅도 잘해야 하고, 새 고객도 확보해야 하는데, 그런 노하우가 부족해. 혼자 하기엔 한계가 있어.”

그때 저는 결심했습니다. 본래 사주를 안 믿던 친구였지만, 이렇게 힘들어하는데 한번 봐줘야겠다고 말입니다.

"그럼 내가 네 사주 좀 봐줄까? 어차피 다른 방법도 없잖아."

"진짜? 근데 그런 게 정말 맞아?"

"한번 보자. 손해 볼 건 없잖아."

그렇게 해서 처음으로 그 지인의 사주를 보게 됐습니다.

사주에서 발견한 예상 밖의 흐름

사주를 확인해 보니 흥미로운 점들이 보였어요. 지인이 그렇게 힘들어하는 올해가 그리 나쁘지 않은 해였거든요. 특히 인간관계와 관련된 운이 좋게 나타나 있었어요. 더 자세히 보니 지인의 사주는 원래 사업가 기질이 있었어요. 사람들과의 관계를 중요하게 여기고, 꾸준히 노력하는 성향이 강하게 나타나 있었습니다. 지금은 힘든 시기를 겪고 있지만, 포기하지 않고 계속 움직이면 기회가 올 것 같았죠.

"네 사주를 보니 그리 나쁘지 않아. 오히려 올해 사람들과 인연이 좋을 수 있어."

"진짜? 근데 현실은 왜 이래?"

"사주는 가능성을 보여주는 거야. 좋은 흐름이 있어도 움직이지 않으면 아무 일도 안 일어나지. 네 사주를 보면 원래 사업가 기질이 있어. 그리고 사람과의 관계를 통해서 기회가 올 수 있는 흐름이야. 지금 힘든 건 일시적일 테니까 너무 좌절하지 마."

"정말 그럴까?"

"최소한 희망을 잃을 정도는 아닌 것 같아. 계속 움직이고, 사람들도 만나고, 새로운 방법을 찾으려고 노력해 봐."

그날 밤 지인의 표정이 조금 밝아진 게 보였습니다.

"그래, 조금 더 버텨볼게. 고마워."

한 달 만에 찾아온 뜻밖의 만남

한 달쯤 지나서 그 지인에게서 연락이 왔습니다.

"형! 신기한 일이 있었어! 며칠 전에 답답해서 사무실 근처 공원을 걷고 있는데, 누군가 나를 알아보고 말을 걸지 뭐야."

이야기를 들어보니 정말 우연한 만남이었어요. 지인은 평소에 얼굴이 조금 알려진 편이었는데, 공원에서 산책하던 중 상대방이 먼저 알아보고 말을 걸어왔고 자연스럽게 대화를 나누게 됐다고 해요. 그분이 문득 던진 "요즘 어떤 일 하세요?"라는 질문에 요즘의 고민을 털어놓게 됐다고 했습니다. 그런데 정말 놀랍게도, 그분은 지금 지인에게 딱 필요한 도움을 줄 수 있는 사람이었습니다. 마케팅과 고객 확보 분야의 전문가였거든요. 더 놀라운 건 그분이 평소 온라인으로 지인의 일을 알고 있었고, 호감을 가지고 있었다는 거였습니다.

"그래서 연락처를 교환하고 다시 만났는데, 정말 많은 도움이 됐어. 내가 막혀 있던 부분들에 대해서 속 시원하게 해결할 방법을 알려주더라고."

지인의 이야기를 들으면서 저도 신기해했습니다. 사주에 사람들과의 인연이 좋다고 나와 있는데, 정말 한 달 만에 이런 일이 생기다니. 물론 우연의 일치일 수도 있었지만, 중요한 건 지인이 포기하지 않고 계속 움직였다는 사실이었습니다.

"근데, 생각해 봐. 네가 집에만 있었으면 그분을 만났을까?"

"아, 맞네. 답답해서 산책을 나간 것뿐이었는데."

"그거야. 아무리 좋은 기회가 와도 움직이지 않으면 만날 수 없어."

"형 말대로 계속 움직여야겠어. 희망이 생기니까 더 열심히 하고 싶어져."

지인은 그 후 더 적극적으로 변했습니다. 얼마 후 다시 연락이 왔고, 사업이 많이 좋아지고 있다는 소식을 들려줬습니다.

"일이 잘 풀리고 있어서 형한테 고마운 마음이야. 나도 힘을 얻어서 더 움직여 보려고."

절망에 빠져 있던 사람이 완전히 달라진 거죠. 그 지인은 가끔 만날 때마다 이런 말을 합니다.

"사주가 정확해서 놀라기도 했지만, 무엇보다 포기하지 말라는 메시지가 힘이 됐어. 그래서 계속 움직일 수 있었던 것 같아."

이 일을 통해 사주는 절대적인 답을 주는 게 아니라 방향성을 제시해 주는 도구라는 걸 다시금 깨달았습니다. 그리고 그 방향에 따라 포기하지 않고 움직이는 게 가장 중요하다는 사실도요.

여러분도 혹시 지금 막막한 상황에 계시다면, 일단 움직여 보세요. 사주에서 좋은 운이 온다고 해도, 집에만 있으면 아무 일도 일어나지 않습니다. 공원을 걸어도 좋고, 사람들을 만나도 좋습니다. 그 과정에서 예상치 못한 기회가 찾아올 수도 있어요.

사주는 가능성을 보여주는 나침반일 뿐, 그 가능성을 현실로 만드는 건 결국 여러분의 몫입니다. 오늘 하루도 포기하지 말고 한 걸음 더 내디뎌 보시기 바랍니다.

나와 잘 맞는 사주는
분명히 존재한다

+ + +

가장 답하기 어려운 상담은 무엇일까요? 재물운, 이성운, 결혼운 다음으로 많이 받는 상담이 가족, 그리고 택일입니다. 그런데 그중에서도 정말 신중하게 접근해야 하는 상담이 있습니다. 바로 이혼입니다. 매우 민감한 주제라 여기에서 이야기를 해도 될지 고민이 많았지만, 그만큼 중요한 사안이기에 사례 하나를 통해 얘기해 보려고 합니다.

이혼할까, 계속 살까

"선생님, 저희 부부 사주를 봐주세요. 남편과 제가 잘 맞는지 확인하고 싶어요. 이혼까지도 생각하고 있거든요."

전화 너머로 내담자가 말했습니다. 목소리는 차분했지만, 깊은 고민이 느껴졌어요. 이런 상담을 할 때마다 정말 조심스럽습니다. 제가 함부로 '이혼하세요' 또는 '계속 사세요'라고 말할 수 있는 건 아닙니다. 사주는 절대적인 것이 아니라 서로를 더 잘 알고 이해하게 해주는 수단일 뿐이니까요.

상담을 시작하면서 저는 이렇게 이야기했습니다.

"일단 두 분의 사주를 자세히 봐드릴게요. 다만 사주는 방향성을 제시해 주는 거지, 인생의 모든 답을 주는 건 아니라는 점 미리 말씀드립니다."

결혼의 의미와 현실적인 어려움

사주를 보기 전에 먼저 생각해 봤습니다. '나는 이 사람과 이혼을 할 거야'라는 생각을 하면서 결혼하는 사람이 있을까요? 그런 사람은 없습니다. 모두 행복한 미래를 꿈꾸며 결혼하잖아요.

그런데 결혼이란 것은 나와 전혀 다른 세상에서 살아온 사람과의 결합입니다. 서로 다른 환경에서 자라고, 다른 가치관을 가진 두 사람이 같은 시간과 공간에서 함께 지낸다는 건 정말 쉽지 않은 일이지요. 그래서 결혼은 심사숙고해서 결정해야 하는 중대사고, 나와 맞지 않는 사람과 결혼하는 것만큼 절망적인 상황도 없다고 생각합니다. 매일매일이 고통일 테니까요. 내담자도 바로 그런 처지였습니다.

"선생님, 저희 궁합이 잘 맞는지 안 맞는지 확인해 주세요. 답답해서 미치겠어요."

배우자 사주의 비밀

내담자와 배우자의 사주를 자세히 분석해 봤습니다. 흥미롭게도 내담자의 사주가 배우자보다 훨씬 좋은 편이었어요. 운세의 흐름도 더 안정적이고, 전반적인 기운도 강했거든요.

"말씀드리기 조심스럽지만, 사주상으로만 보면 결혼 생활을 계속하셔도 괜찮을 것 같습니다. 최악의 경우는 절대 아니에요."

저는 최대한 신중하게 말했습니다. 하지만 두 사주의 궁합에서는 문제가 좀 보였습니다. 내담자의 사주가 너무 좋다 보니 상대적으로 배우자의 사주가 약해 보였고, 이런 경우 배우자가 자기 자신답게 살지 못할 가능성이 높았거든요. 배우자 입장에서는 위축되고 답답함을 느낄 수 있는 궁합이었어요. 저는 그 부분을 조심스럽게 설명했습니다.

“다만 두 분의 궁합을 살펴보면, 남편분이 자신의 장점을 마음껏 발휘하기 어려운 구조예요. 그래서 답답함을 느끼실 수도 있고요.”

이렇게 말하자마자 내담자가 울분을 토하기 시작했습니다. 그간 쌓여 왔던 모든 감정들을 터뜨리는 듯했습니다.

“선생님, 저는 제 남편이 너무너무 답답합니다. 하나부터 열까지 전부 다 답답하고, 같은 공간에 있는 것 자체가 고통이에요. 뭘 해도 느리고, 결정도 못 내리고, 대화해 봐도 답이 안 나와요. 제가 뭔가 제안하면 항상 ‘음……’ 하면서 미적거리기만 하고요. 정말 답답해서 죽겠어요.”

그리고 차마 입에 담기도 어려운 이야기들을 많이도 쏟아냈습니다. 얼마나 힘들었을지 짐작이 갔어요. 그러면서도, 저는 한쪽 이야기만 듣고 있다는 걸 잊지 않으려고 노력했습니다. 만약 내담자가 아니라 그 배우자가 저에게 상담을 신청했다면 뭐라고 했을까요? 아마 이런 이야기를 했을 것 같습니다.

‘제 아내는 너무 빨라요. 저한테 시간을 주지 않아요. 제가 천천히 생각해 보려고 하면 답답해하면서 재촉해요. 저도 나름대로는 열심히 하는데 인정해 주지 않아요.’

결국 자신이 옳고 상대방은 틀렸다고 느끼는 거죠. 이 간극을

좁혀가는 게 서로를 이해하며 살아가는 것인데, 참 쉽지 않은 일입니다.

사주를 통한 가능성

저는 내담자에게 최대한 균형 잡힌 시각으로 조언했습니다.

"말씀하신 이야기 충분히 이해합니다. 그런데 남편분 입장에서도 나름의 어려움이 있을 것 같아요. 선생님의 사주는 결정력이 빠르고 추진력도 강한 타입입니다. 반면 남편분 사주는 신중하고 안정을 추구하는 성향이 강하고요. 서로 다른 장점을 가지고 있는 거예요."

구체적인 해결책도 제시했습니다.

"이해하고 넘어가야 할 부분들이 있습니다. 남편분의 느린 결정은 신중함에서 나오는 거니까, 조금 더 기다려주세요. 대신 중요한 결정들은 충분히 대화해 보고요. 그리고 남편분께도 직접 이야기해 보세요. '나는 이런 성격이라 빨리 결정하고 싶어 한다. 당신의 신중함을 존중하지만, 너무 오래 미루면 답답하다.' 이렇게 솔직하게 대화를 나눠보세요."

또 이런 관점도 제시했습니다.

“만약 남편분이 저에게 상담을 받는다면, 분명 남편분만이 안고 있는 고충을 털어놓으실 거예요. 서로의 사주를 이해하면 왜 그런 행동을 하는지 알 수 있거든요.”

사실 이런 궁합 문제는 사주를 통해서 해결하면 더 안정적이고 좋은 관계로 전환할 수 있습니다. 서로의 성향을 이해하고 받아들일 수 있거든요.

그 후의 이야기는 저도 모릅니다. 내담자가 어떤 선택을 했는지 연락을 따로 주진 않았거든요. 다만 저는 최선을 다해 두 분이 서로를 이해할 수 있는 방법을 알려줬다고 생각합니다.

이 사례를 통해서도, 저는 사주가 절대적인 것이 아니고 본질은 역시 방향성을 알려주는 것임을 다시 한번 느꼈습니다. 사람과의 관계에서도 나와 잘 맞는 사주가 분명히 존재하고, 그런 사람을 만나보려고 노력해야 합니다.

또한 이미 함께하고 있는 사람과 더 오래가기 위해서 내 사주에 나타난 어떤 점을 개선하고 노력해야 하는지 파악하는 것도 중요하고요. 그래야 내가 원하는 인생으로 흘러갈 수 있거든요. 결국엔 사람이 최우선입니다. 사주를 통해 먼저 나를 알고, 그다음 상대방을 알면, 사주를 알기 전보다 더 편안하고 안정되게 내 삶을 이끌어갈 수 있습니다.

평생 운이 없다고 생각하는 사람들에게
하고 싶은 말

+ + +

"선생님, 저는 태어날 때부터 운이 없는 사람 같아요. 언제쯤 운이 좋아질까요?"

상담을 하다 보면 이런 질문을 자주 받습니다. 특히 오랫동안 어려운 시기를 겪어온 분일수록 이런 절망감을 많이 호소하죠. 개인적인 경험을 바탕으로 말씀드리면, 어떤 사주든 대체로 좋은 시기가 있습니다. 이건 제가 10년 넘게 사주를 공부하고 수많은 상담을 진행하면서 깨달은 점이에요.

아무리 어려운 사주라도, 아무리 힘든 시기를 겪고 있어도, 좋은 흐름이 들어오는 때는 반드시 있습니다. 문제는 그 시기를 제대로 인지하지 못하거나 준비하지 못해서 놓치는 경우가 많다는 사실이에요. 마치 봄이 와도 씨앗을 뿌리지 않으면 꽃을 피울 수 없는 것처럼 말이죠.

이런 이야기를 하면 "그럼 저는 언제 좋아지나요?" 하고 다급하게 묻는 분들이 많습니다. 물론 개인별 사주 분석을 통해 구체적인 시기를 추정해 볼 수는 있지만, 그보다 더 중요한 건 전성기라는 것이 무엇인지, 어떻게 준비해야 하는지를 본질적으로 이해하는 것입니다.

전성기가 없는 사주는 없다

사주학에서 가장 기본이 되는 개념 중 하나가 바로 '순환'입니다. 모든 운은 돌고 돌면서 변화하게 되어 있어요. 마치 계절이 봄, 여름, 가을, 겨울을 거쳐 다시 봄으로 돌아오는 것처럼 말이죠. 이는 단순한 이론이 아닙니다. 제가 지금까지 본 사주 중에서 평생 나쁘기만 한 사주는 없었습니다. 물론 상대적으로 어려운 시기가 길거나 좋은 시기가 짧은 경우는 있었습니다. 하지만 그렇다고 해서 아예 좋은 시기가 없는 건 아니었거든요.

어떤 분은 20대와 30대가 매우 힘들었지만 40대부터 인생이 상당히 달라졌습니다. 학창 시절과 사회 초년생 시절에는 뭘 해도 잘 안 풀리고 자신감도 없었는데, 40대에 들어서면서 모든 것이 제자리를 찾은 거지요.

또 어떤 분은 젊을 땐 순풍만 불다가 중년에 큰 시련을 겪고 나이 들어서 다시 안정을 찾기도 했습니다. 20~30대에는 사업도 잘되고 가정도 원만했는데, 40대에 건강 문제나 사업상 어려움을 겪은 후 50대 후반부터 다시 좋은 흐름을 타는 경우였지요.

심지어 어떤 분들은 60대가 넘어서야 진짜 전성기를 맞이하기도 합니다. 젊을 때는 남을 위해 살고, 중년에는 가족을 위해 살다가, 나이 들어서 비로소 자신을 위한 인생을 시작하는 겁니다.

이런 흐름을 이해하면 지금 힘들다고 해서 절망할 필요가 없습니다. 지금은 겨울이지만 봄이 올 거라는 희망을 가질 수 있습니다. 중요한 건 그 봄을 맞이할 준비를 하는 것입니다.

대운과 세운의 흐름을 이해하기

사주에서 운의 흐름을 파악할 때 가장 중요한 건 대운과 세운의 개념입니다. 이걸 모른 채로는 한 사람의 인생 흐름을 제대로 이해할 수 없어요.

대운은 10년 단위로 바뀌는 큰 흐름입니다. 마치 인생의 장(章) 같은 개념이지요. 각각의 대운마다 전체적인 분위기와 방향성이 달라지는 듯합니다. 어떤 대운에서는 사업이나 학업에 유리하고, 어떤 대운에서는 인간관계나 건강 관리에 집중하는 것이 도움이 될 수 있습니다.

예를 들어 재성(정재, 편재)이 강한 대운은 돈을 벌기 좋은 시기로 해석됩니다. 이때는 적극적으로 투자하거나 사업을 확장하는 것이 유리할 수 있어요. 식상(식신, 상관)이 강한 대운에서는 창작 활동이나 자기 계발에 집중하는 것이 좋다고 봅니다.

세운은 그 해의 구체적인 상황을 보여줍니다. 1년 단위로 변하는 작은 흐름이죠.

좋은 대운 중에서도 특히 더 좋은 해가 있고, 나쁜 대운 중에서도 상대적으로 나은 해가 있습니다. 이런 미세한 차이를 알면 살아가는 데 큰 도움이 됩니다. 가령 재성 대운 중에서도 재성이 겹치는 해에는 특히 큰돈이 들어올 가능성이 높다고 해석됩니다. 반대로 재성과 상극되는 기운이 오는 해에는 좀 더 신중하게 행동하는 것이 좋다고 보고요.

제가 상담을 할 때 항상 말씀드리는 건, 전체적인 흐름을 파악해야 한다는 것입니다. 지금 당장은 어려워도 2~3년 후에는 어떻게 될지, 또 앞으로 10년은 어떤 방향으로 흘러갈지를 알면 살아가는 데 많은 도움이 됩니다.

실제로 많은 분들이 지금 현재의 상황만 보고 판단합니다. '올해 사업이 안 되니까 내년에도 안 될 거야'라고 생각하는 분들이 종종 있는데, 사주로 보면 내년부터는 완전히 다른 흐름이 올 수도 있습니다. 반대로 지금 잘나가고 있다고 해서 계속 그럴 거라고 방심하는 것도 위험합니다. 좋은 시기일 때 더 열심히 준비해야 어려운 시기가 와도 잘 버틸 수 있어요.

전성기를 놓치는 이유들

그렇다면 왜 많은 사람들이 자신의 전성기를 놓치는 걸까요? 제가 관찰한 바로는 몇 가지 공통적인 패턴이 있습니다.

첫 번째는 준비 부족입니다. 좋은 운이 와도 그것을 받아들일 준비가 되어 있지 않으면 기회를 놓치게 됩니다. 예를 들어 사업운이 좋은 시기인데 관련 지식이나 경험이 부족하면 기회가 와도 잡기 어렵습니다. 실제로 어떤 분은 재물운이 매우 좋은 시기가 있었는데, 투자에 대한 지식이 전혀 없어서 좋은 기회들을 다 놓쳤습니다. 주변에서 '이 주식 사라', '저 부동산 사라' 이야기를 해도 뭘 어떻게 해야 할지 몰라 결국 아무것도 하지 못한 겁니다.

두 번째는 인식 부족입니다. 좋은 운이 와도 그것을 알아차리지 못하는 경우가 많습니다. 특히 이전에 어려운 시기를 오래 겪었던 분들은 좋은 변화가 시작되어도 종종 의심에 차 행동하지 못하거나 소극적으로 대응합니다. '설마 내게 좋은 일이 생길까?', '이 흐름도 금방 끝날 거야' 하고 생각하는 거죠. 이런 마음가짐으로는 기회가 와도 제대로 활용하기 어렵습니다.

세 번째는 타이밍을 놓치는 것입니다. 좋은 운에도 절정기가 있습니다. 너무 일찍 서두르거나 너무 늦어버리면 효과가 반감될 수 있어요. 예를 들어 어떤 분은 사업운이 좋은 시기 초반에 너무 큰 투자를 해서 운이 꺾일 때 타격을 크게 받았습니다. 반대로 좋은 시기 말미에 뒤늦게 시작하는 바람에 별다른 성과를 못 본 분도 있지요.

네 번째는 방향성을 잘못 잡는 것입니다. 재물운이 좋은 시기인데 인간관계에만 집중한다든지, 학업운이 좋은 시기인데 다른 일에만 매달린다든지 하는 거죠. 어떤 분은 관성이 강한 시기에 사업에만 매달렸습니다. 그 시기에는 공부를 하거나 자격증을 따는 게 유리했는데, 돈 벌 생각만 하다가 정작 찾아온 기회는 놓쳐버린 거죠.

다섯 번째는 과욕입니다. 좋은 운이 들어온다고 해서 무리하게 큰일을 벌이려다 오히려 실패하는 경우가 있어요. 운이 좋을 때일수록 차근차근 단계를 밟아가야 합니다.

이런 문제들은 미리 알고 준비하면 어느 정도 해결할 수 있습니다. 가장 중요한 건 자기 운의 흐름을 파악하고 그에 맞는 준비를 하는 겁니다.

전성기를 준비하는 방법

그렇다면 어떻게 전성기를 준비해야 할까요? 가장 중요한 건 꾸준한 노력입니다. 좋은 운이 온다고 해서 아무것도 안 하고 기다리기만 하면 안 됩니다.

우선 자신의 강점을 파악해야 합니다. 사주를 통해 어떤 분야에 재능이 있는지, 어떤 방식으로 일할 때 효과적인지 알 수 있어요. 그럼 그 분야의 전문성을 기르는 노력을 하면 좋겠죠.

예를 들어 식신이 강한 사주라면 창작이나 서비스업에 재능이 있을 가능성이 높다고 봅니다. 이런 분들은 평소 관련 분야의 공부를 하거나 경험을 쌓아두는 것이 좋습니다. 그래야 좋은 운이 왔을 때 바로 활용할 수 있기 때문이죠.

재성이 강한 분들은 경제나 투자 관련 지식을 갖추고 있는 것이 유리합니다. 주식, 부동산, 창업 등 다양한 분야를 미리 공부해 두면 기회가 왔을 때 잡을 수 있습니다.

인간관계도 마찬가지로 평소 관리해 두면 도움이 됩니다. 좋은 운이 올 때 도움받을 수 있는 관계를 평소에 잘 유지하는 건 중요한 일이거든요. 특히 자신과 궁합이 좋은 이를 알아보고 그런 사람들과 함께할 기회를 만들어가는 것이 좋습니다. 궁합이 좋은 사람들과 함께 있으면 서로의 운이 상승하는 효과가 있다고 봅니다. 반대로 궁합이 안 좋은 사람들과 함께 있으면 좋은 운이 와도 제대로 발휘되기 어려워요.

건강 관리도 빼놓을 수 없습니다. 기회가 와도 몸이 따라주지 않으면 제대로 활용할 수 없거든요. 평소에 꾸준히 운동하고 스트레스를 관리해야 합니다. 특히 나이가 들어서 전성기가 오는 분들은 건강 관리가 더더욱 중요합니다. 60대에 사업 기회가 왔다고 생각해 봅시다. 체력이 뒷받침되지 않으면 일이 힘들 수밖에 없지요.

마음가짐도 중요합니다. 긍정적이고 적극적인 태도를 유지하는 게 도움이 되지요. 부정적인 마음으로는 좋은 기회가 와도 알아보기 어렵거든요. '어차피 안 될 거야', '내가 뭘 할 수 있겠어' 하는 생각을 품고 있으면 기회를 놓치게 됩니다. 반대로 '뭔가 좋은 일이 있을 거야', '나도 할 수 있어'라는 생각을 늘 지니고 살다 보면, 작은 기회도 큰 성과로 만들 수 있어요.

무엇보다 학습을 게을리하지 말아야 합니다. 시대가 빠르게 변하고 있는 만큼 새로운 것을 배우고 적응하는 능력이 더 많이 필요하니까요. 요즘에는 온라인으로도 얼마든지 새로운 지식을 습득할 수 있습니다. 유튜브, 온라인 강의, 전자책 등을 활용해서 꾸준히 공부하는 습관을 기릅시다.

나의 전성기는 언제일까

정말 많은 분들이 궁금해하는 질문이 바로 '내 전성기는 언제일까?'입니다. 이는 개인의 사주를 정확히 분석해야 확인할 수 있는 부분이에요. 다만 일반적인 패턴은 있다고 봅니다. 큰 변화의 시기는 20대 후반~30대 초반, 40대 중반, 그리고 60대 초반에 오는 경우가 많습니다. 물론 개인차가 크기 때문에 절대적인 기준은 아니지만요.

20대 후반에서 30대 초반의 전성기는 주로 학업이나 취업, 결혼과 관련된 경우가 많습니다. 이 시기에 좋은 직장을 구하거나, 사업을 시작하거나, 좋은 배우자를 만날 수 있습니다. 40대 중반의 전성기는 보통 사회적 성공이나 재물과 관련이 있는 듯합니다. 그동안 쌓아온 경험과 실력이 빛을 발하는 시기죠. 승진을 하거나 사업이 크게 성공하거나, 투자에서 큰 수익을 얻는 경우가 많거든요.

60대 초반의 전성기는 조금 성격이 다릅니다. 물질적 성공보다는 정신적 만족이나 사회적 인정과 관련된 경우가 많아요. 오랫동안 매진해 온 분야에서 인정을 받기도 하고, 새로운 분야에서 제2의 인생을 시작하기도 합니다.

하지만 정말 중요한 건 전성기가 언제 오느냐가 아닙니다. 그 시기를 어떻게 준비하고 활용하느냐입니다. 똑같이 좋은 운이라도 준비된 사람과 그렇지 않은 사람의 결과는 천차만별로 달라집니다.

또한 전성기라고 해서 모든 면에서 다 좋을 순 없다는 점도 이해해야 합니다. 어떤 시기에는 사업운이 좋지만 건강운이 약할 수 있고, 어떤 시기에는 인간관계운이 좋지만 재물운은 평범할 수 있거든요. 그래서 자신의 전성기가 어떤 분야에 해당하는지 파악하는 것이 중요합니다. 그럼 그 시기에 맞는 적절한 노력을 할 수 있겠죠. 만약 재물운이 좋은 전성기라면 투자나 사업에 집중하는 것이 도움이 되고, 관성운이 좋은 전성기라면 학습이나 자격증 취득에 힘쓰는 것이 유리합니다.

전성기는 기다리는 것이 아니라 만들어가는 것입니다. 제가 늘 염두에 두고 있는 사실이죠. 좋은 운이 오는 시기를 알고 그에 맞게 준비하고 노력할 때 비로소 진짜 전성기를 만날 수 있습니다. 어떤 사주든 빛나는 시기가 있어요. 지금 힘들다고 해서 포기하지 말고, 미래의 가능성을 믿고 차근차근 준비해 나가야 합니다.

사주를 알면 내가 행복하게 살 수 있는 길과
방향성을 알 수 있다

✦ ✦ ✦

자신에게 맞는 삶이 어떤 것인지 모른 채 살고 있는 분들에게 하고 싶은 말이 있습니다. 사주를 공부하면서 수많은 사람들을 만나봤지만, 자신에게 어떤 가능성이 있는지 모르고 지나치는 분들이 너무나 많았습니다. 다시 말씀드리지만, 사주를 안다는 것은 단순히 미래를 예측하는 게 아닙니다. 내가 어떻게 살아야 행복할 수 있는지, 어떤 방향으로 나아가야 하는지를 아는 것입니다.

사주를 안다는 것의 진정한 의미

많은 분들이 사주를 미신으로 여기거나, 또는 이미 정해진 운명을 알려주는 도구로만 생각합니다. 제가 10년 넘게 공부하면서 여러 사람의 사주를 보고 내린 결론은 사주는 미신도 아니고 결정된 운명도 아니고, 그저 인생의 방향성을 알려주는 지도라는 겁니다.

앞서 밝힌 것처럼, 저도 사주를 공부하기 전에는 늘 막막했습니다. 다른 사람들은 다 자신만의 길이 있어 보이는데, 저만 어디로 가야 할지 모르는 듯했습니다. 뭘 해도 재미없고, 뭘 해도 잘 안 되는 것 같았지요. 하지만 사주를 인생에 대입하며 살다 보니 사주를 알고 인생을 사는 것과 모르고 사는 것의 차이를 분명하게 느낄 수 있었습니다.

사주를 통해 알 수 있는 가장 중요한 점은 나만의 강점과 특성입니다. 어떤 일을 할 때 에너지가 넘치는지, 어떤 환경에서 능력을 발휘하는지, 어떤 사람들과 함께할 때 시너지가 나는지 등이지요. 예를 들어 창작 성향이 강한 분이라면, 안정적인 사무직보다는 자유로운 환경에서 뭔가를 만들어내는 일에 더 큰 만족감을 느낄 가능성이 높습니다. 반대로 체계적이고 논리적인 사고를 좋아하는 분이라면 규칙이 명확하고 절차가 정해진 일에서 더 큰 능력을 발휘할 수 있습니다.

이런 걸 모르고 남들이 좋다고 하는 길만 따라간다면 평생 답답함을 느낄 수밖에 없습니다. 사주를 아는 것은 나에게 맞는 길을 찾는 첫걸음입니다.

방향성과 운명은 완전히 다르다

사주를 공부하면서 가장 중요하게 깨달은 건 방향성과 운명은 전혀 다른 개념이라는 사실입니다. 운명은 정해진 것이고 바꿀 수 없는 거지만, 방향성은 선택할 수 있는 여러 가지 길 중에서 가장 좋은 길을 찾는 겁니다.

같은 사주를 가진 사람이라도 살아가는 모습은 천차만별입니다. 어떤 선택을 하느냐, 어떤 노력을 하느냐에 따라 결과가 완전히 달라집니다. 사주는 '이 길로 가면 더 쉽게, 행복하게 목적지에 도착할 수 있다'고 알려주는 내비게이션 같은 역할을 하는 거지요.

실제로 상담을 하다 보면 같은 해에 태어난 사람들이 전혀 다른 인생을 살고 있는 경우가 꽤 많이 있습니다. 사주상으로는 비슷한 흐름을 가지고 있지만, 한 분은 자신의 특성을 잘 살려서 만족스러운 삶을 살고 있고, 반대로 다른 분은 자신에게 맞지 않는 길을 고집하다가 어려움을 겪고 있는 거죠.

그래서 사주를 볼 때 중요한 건 '내 운명은 이미 정해져 있구나' 하고 체념하는 게 아니라, '내가 선택할 수 있는 가장 좋은 방향이 이거구나'라고 받아들이는 태도입니다. 사주는 가능성을 제시해 주는 도구일 뿐, 절대적인 운명을 알려주지는 않습니다.

개인별 행복 기준과 사주의 역할

사주를 공부하면서 또 하나 깨달은 건 행복의 기준이 사람마다 크게 다르다는 점입니다. 어떤 사람에게는 많은 돈을 버는 것이 행복이고, 어떤 사람에게는 안정적인 생활이 행복입니다. 또 어떤 사람에게는 자유로운 시간이, 다른 어떤 사람에게는 타인의 인정이 행복입니다.

사주는 이런 개인별 행복의 기준을 파악하는 데 큰 도움이 됩니다. 자신이 추구하는 게 뭔지, 어떤 일에서 만족감을 느끼는지를 객관적으로 볼 수 있게 해주거든요. 예를 들어 경제적 성취에 대한 욕구가 강한 성향이라면 돈을 많이 벌 수 있는 방향으로 노력하는 것이 맞습니다. 그러나 안정성을 중시하는 성향이라면 수익보다는 꾸준함에 중점을 두는 편이 더 행복할 수 있습니다. 만약 창작 욕구가 강한 성향이라면 아무리 돈을 많이 벌어도 뭔가 새롭게 만들어내지 못하는 데서 공허함을 느낄 가능성이 높습니다. 또는 사람들과의 관계를 중시하는 성향이라면 혼자 하는 일보다는 팀워크가 중요한 일에서 더 큰 보람을 느낄 수 있습니다.

이런 자신의 행복 기준을 모르고 남들의 기준에 맞춰 살다 보면 성공을 해도 만족감을 느끼기 어렵습니다. '왜 이렇게 힘들게 살고 있을까?'라는 생각만 계속 들게 될 거예요. 사주를 안다는 건 이런 혼란에서 벗어나서 나만의 행복 기준을 찾는 것입니다. 남과 비교하지 않고 내가 추구하는 삶이 뭔지를 아는 거죠.

사주가 주는 진정한 자유로움

사주를 제대로 이해하고 삶에 대입하게 되면 오히려 자유로워집니다. 역설적으로 들릴 수도 있지만, 내 한계와 가능성을 정확히 알면 불필요한 고민과 스트레스에서 벗어날 수 있게 되거든요. 체계적이고 안정적인 성향의 사람이 무리해서 창업을 시도하다가 실패하면서 자신감을 잃는 경우를 상상해 봅시다. 만약 사주를 통해 자신의 성향을 알았다면 애초에 안정적인 직장에서 꾸준히 실력을 쌓는 방향을 선택했을지도 모르지요.

그렇다고 물론 도전을 전부 포기하라는 뜻은 아닙니다. 다만 자신에게 맞는 방식으로 도전해야 한다는 것입니다. 안정성을 중시하는 타입이라면 충분한 대비를 하고 차근히 계획을 세운 후에 단계적으로 도전하는 것이 더 효과적일 수 있으니까요. 또한 내가 부족한 부분들을 다른 사람을 통해 채워 넣을 수도 있고요.

사주를 알면 '왜 나는 다른 사람처럼 안 될까?'라는 비교 심리에서도 벗어날 수 있습니다. 각자 타고난 특성과 흐름이 다르다는 걸 알고 있으니까요. 남의 성공을 부러워하며 앉아 있지 않고 내 방식대로 움직여 성공하는 방법을 찾게 됩니다. 또한 어려운 시기가 와도 덜 절망하게 됩니다. '지금이 어려운 시기구나, 이 시기만 잘 버티면 좋아질 거야'라고 마음을 먹을 수 있거든요. 반대로 좋은 시기가 오면 그 기회를 놓치지 않고 최대한 활용할 수 있고요.

사주를 안다는 것은 결국 자기 자신을 깊이 이해하고 받아들이는 겁니다. 내가 어떤 사람인지, 어떤 환경에서 행복할 수 있는지, 언제 어떤 기회가 올지를 아는 것이죠. 재차 말씀드리지만, 사주는 모든 걸 해결해 주는 만능 도구가 아닙니다. 사주는 방향을 알려줄 뿐이고, 실제로 그 길을 걸어가는 건 본인의 몫입니다. 다만 적어도 어디로 가야 할지 모르는 막막함에서는 벗어날 수 있습니다.

사주를 통해 자신만의 행복한 삶을 설계해 보세요. 남의 기준이 아닌 내 기준으로, 남의 속도가 아닌 내 속도로 살아갈 용기를 얻게 될 겁니다. 사주는 그런 용기를 주는 든든한 동반자가 되어줄 거예요.

사주를 알면 나에게 오는 나쁜 운을
막는 방법을 알 수 있다

+ + +

미리 알았다면 피할 수 있던 나쁜 일들이 누구나 하나쯤은 있을 겁니다. 갑작스럽게 건강이 나빠지거나, 예상치 못한 경제적 손실을 입거나, 소중한 사람과 관계가 틀어진다거나 하는 일 말이지요.

이런 어려움들을 완전히 막을 수는 없지만, 미리 알고 준비한다면 충격을 줄일 수 있습니다. 사주는 좋은 운의 흐름을 타고 훨훨 날게 해주는 도구이기도 하지만, 그런 안 좋은 일을 대비할 수 있도록 도와주는 역할을 하기도 합니다.

사주에서 말하는 나쁜 운이란 무엇인가

사주에서 나쁜 운이란 삶의 여러 영역에서 어려움이 생길 가능성이 높아지는 시기를 뜻합니다. 크게 네 가지 영역으로 나누어 살펴보겠습니다.

첫 번째는 건강의 영역입니다. 몸이 평소보다 약해지거나 사고 위험이 높아지는 시기가 있습니다. 특히 스트레스에 취약해지거나 기존에 앓고 있던 질병이 악화될 수 있는 때지요. 이런 시기를 미리 안다면 건강 관리에 더 신경 쓸 수 있습니다.

두 번째는 재물의 영역입니다. 이때는 예상치 못한 지출이 생기거나 투자 실패 위험이 커집니다. 사업을 하는 사람은 매출이 떨어지거나 거래처와 문제가 생길 가능성이 있습니다. 이 시기에는 큰 투자나 새로운 사업은 피하는 편이 좋습니다.

세 번째는 인간관계의 영역입니다. 가족, 친구, 동료와 갈등이 생기기 쉬운 시기가 있습니다. 오해가 깊어지거나 소중한 사람과 멀어질 수 있는 때지요. 특히 감정적으로 예민해지는 시기에는 말조심을 해야 합니다.

네 번째는 내가 하는 일, 즉 직업의 영역입니다. 직장에서 어려움을 겪거나 업무상 실수가 늘어나는 시기가 있습니다. 승진이 늦어지거나, 새로운 일을 시작하기에 좋지 않은 때입니다.

중요한 건 위와 같은 어려운 시기가 누구에게나 온다는 사실입니다. 평생 좋기만 한 사주는 없습니다. 다만 언제 어떤 영역에서 조심해야 할지 미리 알 수 있다면 철저히 대비해 위기를 극복할 수 있겠죠.

치료보다 쉬운 예방

'예방이 치료보다 쉽다'는 말이 있습니다. 사주도 마찬가지입니다. 어려운 일이 생긴 후에 수습하는 것보다 미리 준비해서 피해를 줄이는 것이 훨씬 효과적입니다.

건강이 좋지 않은 시기를 미리 알게 됐다면 규칙적인 생활을 하거나 검진을 받는 등 미리 관리를 해서 큰 병을 예방할 수 있겠지요. 반대로 이미 병이 생긴 후에는 치료비도 많이 들고 회복에도 오랜 시간이 걸립니다.

재물운이 좋지 않은 시기도 마찬가지입니다. 미리 알고 있다면 좋은 시기가 올 때까지 사업 확장을 미루거나 투자를 줄일 수 있습니다. 그러나 대비하지 않아 안 좋은 시기에 손실이 발생해 버린다면, 만회하기 쉽지 않을 겁니다.

인간관계에서도 갈등이 생기기 쉬운 시기를 안다면 말과 행동을 조심할 수 있습니다. 반면 이미 관계가 틀어진 후에는 회복하기가 어렵습니다.

직업운이 나쁜 시기에는 새롭게 도전하기보다는 현재 위치에서 실력을 쌓는 데 집중하는 것이 좋습니다. 이직이나 창업은 피하고, 대신 자기 계발에 투자하는 시기로 활용하면 됩니다.

이처럼 미리 아는 것만으로도 많은 어려움을 피하거나 줄일 수 있습니다. 사주는 이처럼 일기예보 같은 역할을 합니다.

시기별 대비 전략 수립하기

사주를 통해 어려운 시기를 파악했다면 구체적인 대비 전략을 세워야 합니다. 각 영역별로 어떻게 준비할 수 있는지 살펴보겠습니다.

건강 관리 측면에서는 평소보다 더 세심한 관리가 필요합니다. 정기 검진을 앞당기거나 검진 항목을 늘리는 것도 한 가지 방법입니다. 운동량을 조절하거나 식습관을 개선하는 것도 도움이 되고요. 특히 과로는 피해야 합니다. 일정을 무리하게 소화하려 들지 말고, 충분히 휴식을 취하는 것이 중요합니다.

재물 관리에서는 보수적인 접근이 필요해요. 큰 투자나 대출은 피하고, 비상금을 준비해 두는 것이 좋습니다. 새로운 사업이나 투자 제안이 와도 신중하게 검토해야 합니다. 기존 수입원을 안정적으로 유지하는 데 집중하세요.

인간관계에서는 더욱 신중한 소통이 필요합니다. 평소보다 말을 조심하고, 감정적인 반응은 자제해야 해요. 중요한 대화는 시기를 미루거나, 제3자의 도움을 받는 것도 좋은 방법입니다. 특히 가족이나 가까운 사람들과의 관계에 신경을 더 써야 합니다.

직업 영역에서는 안정성을 우선해야 합니다. 새로운 직장으로 옮기거나 창업하는 건 피하는 편이 좋습니다. 대신 현재 위치에서 실력을 키우고 인맥을 쌓는 데 집중하세요. 상사나 동료와의 관계도 더욱 조심스럽게 관리해야 합니다.

전체적인 흐름을 파악하는 것도 중요합니다. 어려운 시기가 언제쯤 끝날지, 그 이후에는 어떤 준비를 해야 할지 미리 계획하는 게 도움이 됩니다. 힘든 시기도 영원히 지속되지는 않거든요.

어려운 시기를 현명하게 보내는 법

여기서 중요한 건 사주로 모든 나쁜 일을 완전히 막을 수는 없다는 사실입니다. 사주는 가능성을 알려줄 뿐이고, 실제로는 많은 변수들이 작용합니다. 그래도 마음의 준비는 할 수 있고, 대비를 해뒀다면 피해를 최소화할 수도 있습니다.

또한 나쁜 운의 시기도 관점에 따라서는 성장의 기회가 되기도 합니다. 어려움 속에서 자신의 한계를 알게 되고, 더 신중하고 지혜로운 사람이 될 수 있으니까요. 이 시기를 거치면서 인내심을 가지고 겸손한 마음으로 삶을 되돌아본다면, 평소 당연하게 여겼던 것들의 소중함도 진심으로 깨닫게 될 겁니다.

어려운 시기를 두려워만 하지 말고, 그 시기를 현명하게 보내는 방법을 찾아봅시다. 사주는 그런 지혜를 주는 안내서입니다. 무엇보다 사주에 너무 의존하지는 말아야 합니다. 사주는 참고 자료일 뿐이고, 최종적인 결정과 행동은 본인이 하는 겁니다. 나쁜 운이 온다고 해서 아무것도 하지 않고 움츠러들어서는 안 됩니다.

오히려 그런 시기일수록 더 적극적으로 행동하며 대비해야 합니다. 건강 관리도 더 열심히, 인간관계도 더 세심히, 재정 관리도 더 꼼꼼히 챙겨야 합니다. 사주를 안다는 것의 진짜 가치는 단순히 어려운 시기를 피하는 데 있는 게 아닙니다. 그 시기를 더 지혜롭게 보내는 데 있지요.

지금까지 우리가 왜 사주를 공부해야 하는지 알아봤습니다. 2장에서는 전문가의 도움 없이 스스로 나의 운명을 읽을 수 있도록, 사주를 보는 방법에 대해 본격적으로 공부해 보겠습니다.

2장

나를
들여다볼 수 있는
사람이 이긴다

사주를 절대적 운명이 아닌

인생의 참고서로 인식하는 것이 중요합니다.

사주가 알려주는 것은

방향이지 결정된 미래가 아니니까요.

지금 시대에 맞는
사주 풀이법은?

+ + +

몇백 년 전 방식 그대로 사주를 보면 지금 현실과 맞을까요? 조선 시대와 지금은 사회 구조부터 직업군까지 완전히 달라졌는데, 사주 해석만 그대로 적용하는 게 과연 맞는지 의문이 듭니다.

경험적으로 판단해 봤을 때, 전통적인 사주 해석법만으로는 현대인의 삶을 제대로 분석하기 어렵습니다. 따라서 시대에 맞는 새로운 접근법이 필요합니다.

전통 사주학의 한계점들

전통 사주학은 분명 깊이 있고 체계적인 학문입니다. 수천 년간 축적된 지혜가 담겨 있고, 인간의 본성을 파악하는 데도 여전히 유효합니다. 다만 현재에 적용할 때 일부 한계가 있는 것도 사실입니다.

첫 번째 한계는 직업 분야의 변화입니다. 전통 사주에서는 관직, 농업, 상업, 수공업 정도로만 직업을 구분했습니다. 하지만 현재는 어떤가요? IT, 마케팅, 컨설팅, 크리에이터 같은 새로운 직종들이 생겨났습니다. 유튜버나 인플루언서라는 직업을 전통 사주의 틀로 어떻게 설명할 수 있을까요?

두 번째는 경제 구조의 변화입니다. 예전에는 땅이나 금은보화가 재물의 주요 형태였지만, 지금은 주식, 암호 화폐, 지적 재산권 같은 무형자산이 더 주요할 때도 많습니다. 전통적인 재물운 해석으로는 이런 변화를 제대로 반영하기 어렵습니다.

세 번째는 인간관계 패턴의 변화입니다. 과거에는 혈연, 지연, 학연이 중심이었지만 지금은 온라인 커뮤니티, SNS, 취미 모임 등 다양한 관계가 훨씬 많아졌습니다. 결혼도 중매결혼에서 연애결혼으로, 이제는 비혼까지 선택지가 늘어났지요.

네 번째는 교육과 자기 계발의 중요성입니다. 예전에는 타고난 재능이나 가문이 중요했지만, 지금은 개인의 노력과 학습 능력이 더 결정적인 역할을 합니다. 평생 교육이 당연해진 현대 사회에는 고정적인 운명론으로 설명되지 않은 부분이 많습니다.

다섯 번째는 수명과 라이프 스타일의 변화입니다. 과거에는 평균 수명이 짧았고 대부분 농업에 종사했지만, 지금은 백 세 시대를 맞아 인생 설계 자체가 달라졌습니다. 은퇴 후 제2의 인생을 사는 분들도 많고, 직업을 여러 번 바꾸는 것도 자연스러운 일이 됐습니다.

현대 사회가 요구하는 새로운 관점

그렇다면 현대에는 어떤 사주 해석이 필요할까요? 여러 중요한 관점이 많겠지만, 핵심적인 것만 두 가지 뽑아보자면 '유연성'과 '실용성'입니다.

먼저 직업 해석에서는 고정된 틀보다는 개인의 성향과 능력에 집중해야 합니다. 만약 체계적이고 안정적인 성향이 강한 사람이라면 '공무원만 해야 한다'고 단정하기보다는 '그러한 환경에서 능력을 발휘할 수 있다'고 해석하는 편이 낫습니다. 공무원이 아니더라도 대기업이나 체계적인 조직에서 충분히 만족할 수 있기 때문입니다.

재물운 해석도 마찬가지입니다. 재물에 대한 욕구가 적은 성향이라면 '돈 못 번다'는 해석보다는 '안정적인 수입을 선호하는 성향'으로 이해하는 편이 현실적입니다. 리스크가 큰 투자를 감행하지 않고 적금이나 안전한 투자를 꾸준히 함으로써 충분히 경제적 안정을 이룰 수 있습니다.

인간관계에서는 온라인과 오프라인을 구분해서 봐야 합니다. 대면 관계에서는 소극적이어도 온라인에서는 활발한 분들이 많거든요. SNS나 온라인 커뮤니티를 통해 좋은 인맥을 만드는 것도 충분히 가능합니다.

건강 관리도 예방 의학과 생활 습관 개선에 중점을 둬야 합니다. 옛날처럼 '운이 나쁘니까 병에 걸린다'고 해석하기보다는 '이런 시기에는 건강 관리에 더 신경 써야 한다'는 판단이 실질적으로 도움이 됩니다.

시기 해석에서도 절대적인 길흉이 아닌, 다른 시기와의 상대적 비교가 현명합니다. '올해는 무조건 나쁘다'가 아니라 '작년보다는 조심스러운 시기'라고 이해하는 게 훨씬 현실적입니다. 어려운 시기라고 해도 완전히 아무것도 하지 말라는 뜻은 아니거든요.

현실적인 사주 해석을 위해서는 몇 가지 원칙이 필요합니다.

첫 번째는 '가능성 제시'입니다. 단정적으로 '이렇게 될 것이다'보다는 '이럴 가능성이 높다' 또는 '이런 방향으로 노력하면 좋겠다'는 식으로 접근해야 합니다. 사람에게는 선택권이 있고, 노력으로 바꿀 수 있는 부분이 많거든요.

두 번째는 '개인차 인정'입니다. 같은 사주라도 환경, 교육, 경험에 따라 결과가 달라질 수 있습니다. 여러 번 말한 것처럼 사주는 기본 성향을 알려주는 도구지, 인생을 완전히 결정하는 운명이 아닙니다. 개인의 특수한 상황과 선택을 존중해야 합니다.

세 번째는 '시대적 맥락 고려'입니다. 같은 내용이라도 지금 시대에 맞게 재해석해야 합니다. 예를 들어 창작 욕구가 강한 성향을 과거에는 '자식과 인연이 적다'고 해석했습니다. 그러나 지금은 '자신만의 작품이나 사업에 집중하는 성향'으로 이해하는 것이 현실적입니다.

네 번째는 '단계별 접근'입니다. 인생을 통째로 예측하려고 하지 말고, 현재 상황에서 가장 중요한 지점부터 차근차근 봐야 합니다. 지금 당장 직업 선택이 중요한 사람이라면 직업적 부분에 집중하고, 결혼을 고민하는 사람이라면 인간관계를 중점적으로 살펴보는 것이 좋습니다.

다섯 번째는 '실행 가능한 판단'입니다. 막연하게 '운이 좋아질 것이다'보다는 '이런 노력을 하면 상황이 개선될 가능성이 높다'와 같이 구체적인 방향을 보아야 합니다. 사주는 결과를 가르쳐주는 게 아니라 과정을 안내하는 참고 자료여야 합니다.

시대에 맞는 사주 활용 방향

앞으로 사주를 해석할 때는 '개인 맞춤형 컨설팅'으로 봐야 합니다. 각자의 현재 상황, 목표, 환경을 종합적으로 고려해서 가장 적합한 방향이 무엇인지 파악하는 것이죠. 같은 사주라도 20대 대학생과 40대 직장인에게는 전혀 다른 판단이 필요할 수 있습니다.

다시 말하지만, 무엇보다 사주를 '절대적 운명'이 아닌 '인생의 참고서'로 인식하는 것이 중요합니다. 사주가 알려주는 것은 방향이지 결정된 미래가 아니니까요. 그 방향성을 이해하고 자신에게 맞는 방향으로 노력할 때 진짜 가치가 발휘되는 겁니다. 현대에 맞는 사주는 사람들이 더 주체적으로 인생을 설계할 수 있도록 도와주는 안내자 역할을 해야 합니다.

사주는 운명에 체념하게 하는 것이 아니라, 자신의 가능성을 발견하고 그것을 현실에서 구현할 수 있게끔 도와주는 도구입니다. 그러니 결국 사주는 시대와 함께 진화해야 합니다. 전통의 지혜는 존중하되, 현실에 맞지 않는 부분은 과감히 개선해야 합니다. 그래야 사주가 현대인들에게 진정으로 도움이 되는 도구가 될 수 있을 겁니다.

내 사주팔자
확인하는 법

✚ ✚ ✚

내 사주팔자, 정말 정확하게 알고 계신가요? 많은 분들이 온라인 사이트나 앱에서 대충 확인하고 맙니다. 특히 요즘은 챗GPT나 제미나이 등 AI 어시스턴트가 발달하여, AI가 풀어주는 사주를 그대로 받아들이는 경우가 많습니다.

하지만 생년월일시를 입력해서 나오는 여덟 글자가 무엇을 의미하는지, 왜 그렇게 구성되는지를 모르면, 사주를 제대로 활용하기 어렵습니다.

이번 장에서는 사주팔자의 가장 기본적인 구성부터 정확한 확인법까지, 차근차근 알아보겠습니다.

사주팔자란 무엇인가 – 천간지지의 기본 개념

사주팔자는 태어난 연, 월, 일, 시를 각각 두 글자씩 총 여덟 글자로 표현한 것입니다. 이 두 글자는 천간(하늘의 기운을 나타내는 열 글자)과 지지(땅의 기운을 나타내는 열두 글자)라고 하는데, 이들의 조합이 사주의 기본 단위가 됩니다.

천간 열 글자는 갑(甲), 을(乙), 병(丙), 정(丁), 무(戊), 기(己), 경(庚), 신(辛), 임(壬), 계(癸)입니다.

지지 열두 글자는 자(子), 축(丑), 인(寅), 묘(卯), 진(辰), 사(巳), 오(午), 미(未), 신(申), 유(酉), 술(戌), 해(亥)이고요.

이 천간과 지지가 조합되어 60가지 경우의 수를 만들어냅니다. 갑자, 을축, 병인 이런 식으로 말이죠. 이것을 60갑자라고 부르는데, 사주의 기본 단위가 되는 개념입니다.

천간은 하늘의 기운을, 지지는 땅의 기운을 나타낸다고 여겨집니다. 그래서 천간지지 조합은 하늘과 땅의 에너지가 만나는 지점을 의미합니다. 현대적으로 해석하면 개인의 성향과 환경적 요인의 조합이라고 볼 수 있습니다.

년주는 태어난 해의 에너지를, 월주는 태어난 달의 에너지를, 일주는 태어난 날의 에너지를, 시주는 태어난 시간의 에너지를

나타냅니다. 이 네 개의 기둥(四柱)이 모여서 한 사람의 사주팔
자를 구성하는 것이죠.

사주팔자 네 개의 기둥

세종 대왕님의 사주를 한번 예로 들어볼까요? 세종 대왕님은
년주가 정축(丁丑), 월주가 을사(乙巳), 일주가 임진(壬辰)입니다.
시주는 정확한 출생 시간을 알 수 없어서 빠져 있습니다. 옛날
분들은 시간 기록이 남아 있지 않은 경우가 많거든요.

세종 대왕님의 사주 명식

시주	일주	월주	년주
	壬	乙	丁
	辰	巳	丑

년주 정축을 보면 천간이 정(丁), 지지가 축(丑)입니다. 월주 을

사는 천간이 을(乙), 지지가 사(巳)이고요. 일주 임진은 천간이 임(壬), 지지가 진(辰)이에요. 이런 식으로 세종 대왕님의 사주 구성을 확인할 수 있습니다.

스물두 가지 천간과 지지의 의미

앞서 말한 60갑자는 천간 열 개와 지지 열두 개가 순환하면서 만들어집니다. 다만 실제로는 천간과 지지의 음양 성질에 따라 기본 패턴으로 나눌 수가 있습니다.

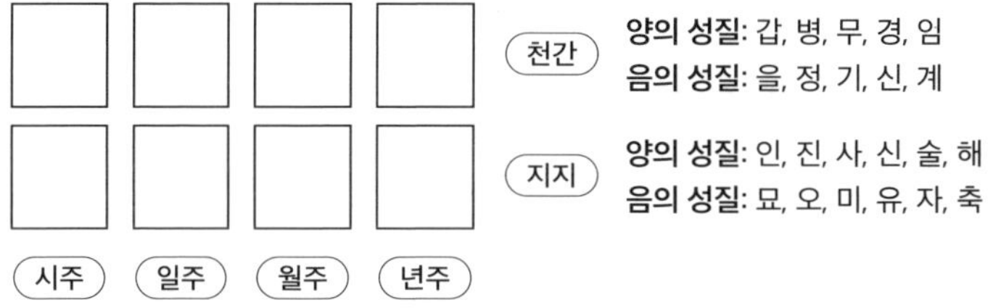

천간에는 양(陽)의 성질을 가진 갑, 병, 무, 경, 임과 음(陰)의 성질을 가진 을, 정, 기, 신, 계가 있습니다. 위의 표처럼 지지도 마찬가지로 양의 성질과 음의 성질을 가진 것들로 구분이 되고요.

예를 들어, 갑자는 양의 천간인 갑과 양의 지지인 자가 만나는 조합입니다. 을축은 음의 천간인 을과 음의 지지인 축이 만나는 조합이고요. 이런 식으로 음양의 조합에 따라 각각 다른 특성을 가지게 됩니다.

또한 천간과 지지에는 각각 오행(木火土金水), 즉 다섯 가지 기본 에너지 속성이 있습니다. 갑과 을은 목의 성질을, 병과 정은 화의 성질을, 무와 기는 토의 성질을, 경과 신은 금의 성질을, 임과 계는 수의 성질을 가집니다.

甲乙(木) 푸른색 계열: 봄, 발아, 성장

丙丁(火) 붉은색 계열: 여름, 활력, 확장

戊己(土) 노란색 계열: 중심, 변환, 균형

庚辛(金) 흰색 계열: 가을, 수렴, 완성

壬癸(水) 검은색 계열: 겨울, 지혜, 저장

이런 오행의 '상생상극', 즉 서로 도움을 주거나 견제하는 관계가 사주 해석의 근본이 됩니다.

목은 화를 돕고, 화는 토를 돕고, 토는 금을 돕고, 금은 수를 돕고, 수는 목을 돕는 '상생 관계'가 있어요.

반대로 목은 토를 극하고, 토는 수를 극하고, 수는 화를 극하고, 화는 금을 극하고, 금은 목을 극하는 '상극 관계'도 있습니다.

정확한 사주팔자 확인 단계별 방법

이제 실제로 사주팔자를 확인하는 방법을 알아보겠습니다. 아래 내용은 온라인 만세력 사이트나, 앱을 활용해서 간단히 알아볼 수 있는데요. 163쪽에 더 자세한 내용이 실려 있으니 살펴보시기 바랍니다.

정확한 확인을 위해서는 몇 가지 단계를 거쳐야 합니다. 첫 번째 단계는 정확한 생년월일시 체크입니다. 출생 시간은 정확해야 합니다. 단 몇 분 차이로도 해당되는 시주(時柱)가 어디인지에 따라 사주 글자가 바뀔 수 있거든요.

두 번째 단계는 양·음력, 성별 체크입니다. 온라인 만세력이나 사주 사이트에서 쉽게 변환할 수 있습니다. 이때 윤달(평년보다 하루 더 많은 달)이 있는 해에는 각별히 주의를 기울여야 합니다. 윤달 여부에 따라 월주가 달라질 수 있거든요.

세 번째 단계는 사주팔자 확인입니다. 자신의 생년월일시, 양·음력, 성별을 모두 체크하면 자신만의 사주팔자가 나옵니다. 이것이 바로 앞에서 설명한 네 가지 기둥, 여덟 글자죠.

궁금증이 여러 가지 생기실 텐데요. 출생 시간에서 몇 분 차이로 사주 글자가 바뀌는 부분에 대해 자세히 설명드리겠습니다. 사주에는 사람이 태어난 시간도 들어갑니다. 그런데 사주에서는 시간을 지금처럼 '오전 9시', '오후 3시' 이런 식으로 쓰지 않습니다. 대신, 옛날 중국에서 쓰던 방식을 따라 하루를 열두 개의 시간 구간으로 나눕니다.

지금은 하루가 24시간이지요? 이걸 열두 구간으로 나누면, 한 구간이 약 두 시간 정도가 됩니다. 그래서 사주에서는 두 시간마다 한 번씩 '시주(時柱)'가 바뀝니다. 이렇게 나눈 두 시간씩에 각각 이름을 붙였는데, 그 이름이 바로 우리가 아는 자, 축, 인, 묘, 진, 사, 오, 미, 신, 유, 술, 해입니다.

예를 들어, 밤 11시 30분부터 새벽 1시 30분까지는 자시(子時),

아침 7시 30분부터 9시 30분까지는 진시(辰時), 오후 1시 30분부터 3시 30분까지는 미시(未時)입니다.

왜 굳이 이렇게 나눴을까요? 옛날에는 시계가 없었습니다. 그래서 사람들은 자연의 변화로 시간을 느꼈어요. 닭이 울면 새벽, 해가 떠오르면 아침, 해가 머리 위에 있으면 정오, 해가 지면 저녁…… 이런 식이었지요. 그렇게 하루의 흐름을 자연에 따라 나눈 것 바로 이 열두 개의 시간대예요.

즉, 사주에서 말하는 시간은 단순히 '몇 시'가 아니라, 그 시간대에 흐르는 자연의 기운을 뜻하는 겁니다. 사람마다 태어난 시간대의 기운이 다르니까, 그걸 보고 '이 사람은 어떤 흐름 속에서 태어났는가'를 해석하는 거죠. 결국 이렇게 두 시간 단위로 나눈 이유는, 하루의 변화를 자연스럽게 구분하기 가장 좋은 리듬이기 때문이에요. 그래서 지금도 사주에서는 이런 전통적인 방식으로 시간을 계산합니다.

내 사주팔자로 알 수 있는 기본 정보들

자, 이제 정확한 사주팔자가 확인되면 여기서 어떤 기본 정보를 얻을 수 있는지 알아보겠습니다.

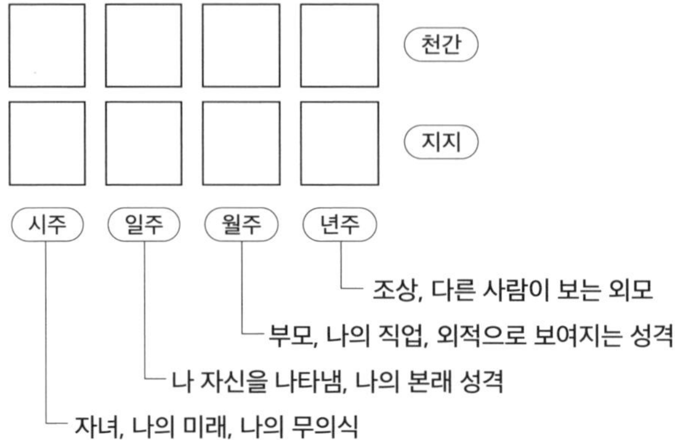

먼저 일간, 즉 일주의 천간을 확인해 봅시다. 일간은 나 자신을 나타내는 가장 중요한 요소입니다. 예를 들어 갑목이면 큰 나무의 성질을, 을목이면 꽃의 성질을 가진다고 봅니다. 이를 통해 기본적인 성격이나 성향을 파악할 수 있어요. 각 글자가 갖고 있는 상징과 성향은 뒷장에서 오행에 대해 공부하며 알아보겠습니다. 일주는 자신과 배우자를, 시주는 중년 이후와 말년 그리고 자녀를 나타낸다고 해석합니다.

다음으로 월지, 즉 월주의 지지를 봅니다. 월지는 태어난 계절의 기운을 나타내므로 전체적인 기운의 강약을 판단하는 기준이 됩니다. 예를 들어 봄에 태어난 목의 기운은 강하지만, 가을에 태어난 목의 기운은 약할 수 있습니다.

봄은 목의 계절입니다. 이 시기에는 나무가 싹을 틔우고 자라나는 기운이 강하지요. 그래서 봄에 태어난 사람은 목의 기운이 왕성합니다. 반면 가을은 금의 계절입니다. 금은 단단하고 날카로운 성질로 나무를 자르는 힘을 가지고 있기 때문에, 가을에 태어난 사람은 목의 기운이 약해집니다. 이처럼 계절마다 중심이 되는 오행은 다릅니다. 계절이 서로 영향을 주고받는 원리를 '생극제화(生剋制化)'라고 합니다. 이를 조금 더 자세히 설명해 보겠습니다.

봄은 만물이 자라나는 시기이므로, 나무(木)의 기운이 강합니다. 여름은 태양의 열기로 모든 것을 성장시키는 시기라, 불(火)의 기운이 왕성합니다. 가을은 열매가 맺히고 수확되는 시기이므로 금(金)의 기운이 강해지고, 나무(木)는 금(金)에 의해 제어(剋)되어 약해집니다. 겨울은 모든 기운이 아래로 잠잠히 내려가 저장되는 시기로, 물(水)의 기운이 강해지고 불(火)은 약해집니다. 그리고 흙(土)은 사계절의 전환점마다 균형을 잡는 기운으로, 다른 오행을 이어주는 중간 역할을 합니다.

자연은 이렇듯 서로 돕거나(生) 제어하는(剋) 관계로 순환이 이뤄집니다. 생극제화의 흐름을 이해하면, 한 계절에 태어난 사람의 어떤 오행이 강하거나 약한지를 쉽게 판단할 수 있습니다.

또한 사주 내의 오행 균형도 중요합니다. 예를 들어 특정 오행이 너무 많거나 부족하면 그에 따른 특성이 나타날 수 있습니다.

목이 많으면 활동적이고 성장 지향적이지만, 때로는 성급해 세부 사항을 챙기는 데 약할 수 있습니다. 금이 많으면 맺고 끊기를 잘하지만, 인간관계의 융통성이 부족할 수 있고요. 사주팔자의 구성 요소들이 서로 어떤 관계를 형성하는지도 중요한 정보입니다. 상생 관계가 많으면 순조로운 흐름을, 상극 관계가 많으면 역동적이지만 변화가 많은 삶을 의미할 수 있습니다. 이런 오행의 기본을 이해하는 것이 사주팔자 해석의 시작입니다.

세종 대왕님의 사주 명식으로 보는 사주팔자의 해석

이제 앞에서 봤던 세종 대왕님의 사주 명식을 다시 살펴보겠습니다.

세종 대왕님의 사주 명식

	壬	乙	丁
	辰	巳	丑
시주	일주	월주	년주

년주 - 정축(丁丑): 조상과 외적 이미지

년주는 조상에게서 물려받은 기운과 남들에게 보여지는 외모, 즉 첫인상을 나타냅니다. 정축은 '촛불이 어두운 땅을 비추는 형상'이에요. 정화(丁火)는 따뜻하고 온화한 빛을 뜻하고 축토(丑土)는 습한 흙을 의미하는 것으로, 차분하고 묵직한 에너지를 품고 있습니다.

세종 대왕님은 태종의 셋째 아들로 태어나셨죠. 원래 왕위를 계승받을 위치가 아니었지만, 조상과 부모로부터 물려받은 온화하면서도 깊이 있는 기운이 있었습니다. 겉으로 보기엔 차분하고 부드러워 보이지만, 그 안에는 세상을 밝히려는 따뜻하고 강한 의지가 있었던 거예요. 실제로 세종 대왕님은 백성을 사랑하는 마음이 깊으셨고, 그 온화한 이미지가 백성들에게도 그대로 전해졌습니다.

월주 - 을사(乙巳): 부모와 직업 그리고 성격

월주는 남들이 보는 성격, 직업적 역할, 그리고 부모와의 관계를 나타냅니다. 을사는 '불 속에서 자라는 나무'입니다. 을목(乙木)은 섬세하고 부드러운 나무인데, 사화(巳火)라는 강한 불기운 속에 있어요. 겉으로는 부드럽지만 내면에는 강한 열정과 추진력이 있다는 뜻입니다.

학문을 사랑하는 마음으로 집현전을 설치해 학자들과 함께 연구하신 것이 바로 을목의 섬세함이에요. 하지만 동시에 한글 창제, 북방 개척, 과학 기술 발전처럼 강력한 개혁을 추진하신 건 사화의 열정 때문입니다. 언뜻 보기엔 온화하기만 한 학자 같지만, 실제로는 엄청난 추진력으로 나라를 이끄셨지요.

또한 을사월주는 부모와의 관계에서도 의미가 있습니다. 태종은 강력한 왕이셨지만, 세종 대왕님은 아버지의 강함을 그대로 따르기보다는 자신만의 부드러운 방식으로 나라를 다스리셨어요. 이게 바로 불 속에서도 자기 색깔을 잃지 않는 을목의 모습입니다.

일주 - 임진(壬辰): 나 자신

일주는 나 자신의 본질, 내면의 진짜 모습을 나타냅니다. 임진 일주는 '흙 속에서 길을 내며 흐르는 강물'이에요. 겉으로는 평온해 보이지만 속으로는 끊임없이 움직이며, 세상과 소통하려는 힘이 강합니다.

세종 대왕님의 본질이 바로 여기에 있습니다. 왕위에 오르기 전까지는 조용히 학문을 연구하며 준비하던 분이셨죠. 하지만 왕이 되신 후에는 영토 확장을 비롯해 앞서 말씀드린 수많은 치적을 보이시며 끊임없이 새로운 길을 만들어냈습니다.

임진일주의 가장 큰 특징은 '문제 해결 능력'과 '창의적 사고'입니다. 세종 대왕님이 한글을 만드신 것도 바로 이런 특성 때문이에요. 백성들이 글을 배우지 못해 어렵게 사는 모습을 보고, 기존의 한자가 아닌 완전히 새로운 문자 체계를 창조했습니다. 이건 단순히 지식이 많아서가 아니라, 보이지 않는 흐름을 읽고 근본적인 해결책을 찾아내는 임수(壬水)의 지혜가 있었기 때문입니다.

진토(辰土)의 흙은 임수의 물길을 막는 동시에 방향을 잡아주는 역할 또한 한다고 했는데, 세종 대왕님도 신하들의 반대에 부딪혔습니다. 심지어 한글 창제를 반대하는 집현전 학자들도 있었죠. 하지만 그 반대 속에서도 방향을 잃지 않고 오히려 더 정교하게 완성해 냈습니다. 이것이 바로 '자유 속의 질서'를 배운 임진일주의 모습입니다.

세 기둥이 만들어낸 조화

정축년주의 온화한 빛, 을사월주의 섬세함과 열정, 임진일주의 창의적 지혜. 이 세 기둥을 모아 세종 대왕님의 일생을 분석

해볼 수 있습니다.

겉으로는 따뜻하고 부드럽지만(丁丑), 일할 때는 강한 추진력을 발휘하고(乙巳), 본질적으로는 끊임없이 새로운 길을 만들어 내는(壬辰) 분이셨던 거죠.

결국 세종 대왕님은 '세상을 따라 흐르되, 스스로 길을 만드는 강물'이었습니다. 기존 체제를 완전히 부정하지 않으면서도, 백성을 위해 새로운 길을 끊임없이 개척하셨던 거예요. 사주는 이렇게 글자로 한 사람의 인생을 표현할 수 있는 학문입니다.

사주, 이것만 알아도 50%는 아는 것, 오행이란 무엇인가?

+ + +

사주를 아는 사람들은 왜 오행부터 물어볼까요?

"당신 사주에 무슨 기운이 많나요?"

"어떤 오행이 부족한가요?"

이런 말을 들어본 적 있을 거예요. 사주를 조금이라도 아는 사람들이 가장 먼저 확인하는 게 바로 오행이니까요. 천간지지의 복잡한 조합도 결국 오행으로 귀결되거든요. 오행만 제대로 이해하면 사주의 절반은 안다고 해도 과언이 아닙니다.

오행이 사주의 중심인 이유

오행은 목(木), 화(火), 토(土), 금(金), 수(水), 다섯 가지 기본 에너지를 말합니다. 이 다섯 에너지가 우주의 모든 현상과 인간의 모든 특성을 설명할 수 있다고 본 것이 동양 철학인 것이죠. 사주에서 천간과 지지가 가진 각각의 오행 속성에 대해서는 뒤에서 자세히 설명하겠습니다.

그런데 왜 오행이 이렇게 중요할까요?

첫 번째는 개인의 기본 성향을 파악할 수 있기 때문입니다. 예컨대 목이 많은 사람은 성장 지향적이고 활동적인 성향을, 금이 많은 사람은 의지력이 강하고 원칙적인 성향을 보이는 경우가 많아요.

두 번째는 부족한 부분과 과한 부분을 알 수 있기 때문입니다. 사주에 화가 너무 많으면 성급하거나 감정적일 수 있고, 수가 부족하면 지혜나 유연성이 부족할 수 있어요. 이런 걸 미리 알면 자신의 약점을 보완할 수 있죠.

세 번째는 인간관계나 직업 선택에 도움이 되기 때문입니다. 상생 관계를 파악하는 것도 좋습니다. 목이 강한 사람은 화를 돕는 관계에서 시너지를 낼 수 있고, 금이 강한 사람은 수를 필요로 하는 환경에서 능력을 발휘할 수 있는 등, 서로 도움되는 관계가 있으니까요.

마지막으로 시기별 흐름을 이해할 수 있습니다. 내 사주의 오

행이 해당 연도나 계절의 오행과 어떤 관계인지 알면, 언제 조심
해야 하고 또 언제 적극적으로 나서야 할지 판단할 수 있거든요.

목화토금수, 다섯 가지 에너지의 특성

이제 각 오행의 특성을 자세히 알아보겠습니다. 각각이 자연
에서 어떤 모습으로 나타나는지 이해하면 사람의 성향도 쉽게
파악할 수 있어요.

목(木)은 나무의 성질입니다. 봄의 에너지이자, 성장하고 뻗
어나가는 힘을 의미해요. 목이 강한 사람들은 적극적이고 도전
적입니다. 새로운 것을 좋아하고 변화를 두려워하지 않아요. 창
의적이고 아이디어가 풍부하지만, 성급하거나 계획성이 부족할
때도 있습니다. 직업은 기획, 개발, 교육 분야에 적합한 경우가
많아요.

화(火)는 불의 성질입니다. 여름의 에너지이자, 활발하고 밝은
힘을 의미해요. 화가 강한 사람들은 외향적이고 표현력이 뛰어
납니다. 사람들과 어울리기를 좋아하고 리더십이 있어요. 열정
적이고 추진력이 강하지만, 성격이 급할 수 있고 때로는 감정적
입니다. 직업은 영업, 방송, 서비스업에 적합한 경우가 많습니다.

토(土)는 땅의 성질입니다. 늦여름의 에너지이자, 안정적이고 포용하는 힘을 의미해요. 토가 강한 사람들은 신뢰할 수 있고 책임감이 강합니다. 꾸준하고 성실하며 다른 사람들을 잘 도와줘요. 현실적이고 실용적이지만, 때로는 변화를 싫어하거나 융통성이 부족할 수 있습니다. 직업으로는 관리, 행정, 부동산 분야에 적합한 경우가 많고요.

금(金)은 금속의 성질입니다. 가을의 에너지이자, 단단하고 예리한 힘을 의미해요. 금이 강한 사람들은 의지력이 강하고 원칙적입니다. 정의감이 있고 일을 깔끔하게 처리해요. 분석력이 뛰어나고 집중력이 좋지만, 때로는 완벽주의적이고 융통성이 부족할 수 있어요. 직업으로는 전문직, 기술직, 법조계에 적합한 경우가 많습니다.

수(水)는 물의 성질입니다. 겨울의 에너지이자, 흐르고 적응하는 힘을 의미해요. 수가 강한 사람들은 지혜롭고 유연합니다. 상황 판단력이 뛰어나고 적응력이 좋아요. 깊이 있게 사고하고 직관력이 있지만, 우유부단하거나 의존적일 수도 있습니다. 직업으로는 연구, 상담, 물류 분야에 적합한 경우가 많습니다.

상생상극, 오행이 서로 영향 주는 방식

오행은 혼자 존재하지 않습니다. 앞서 간단히 설명했듯이, 상생 관계과 상극 관계가 있죠. 오행은 서로 도움을 주거나 견제하면서 균형을 이룹니다. 이를 상생상극이라고 앞서 말씀드렸죠?

상생 관계는 서로 도움을 주는 관계입니다. 목은 화를 돕고, 화는 토를 돕고, 토는 금을 돕고, 금은 수를 돕고, 수는 목을 돕습니다.

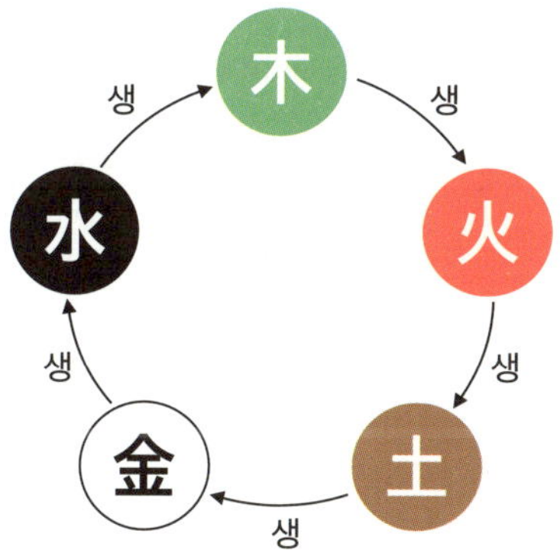

이를 자연 현상으로 설명하면 이해하기 쉬워요. 나무(木)는 타면서 불(火)을 만들어냅니다. 불이 타고 난 재는 흙(土)이 됩니다. 흙에서는 금속(金)이 나옵니다. 금속 표면에는 이슬(水)이 맺힙니다. 물은 나무(木)를 자라게 합니다. 이렇게 순환하면서 서로 도와주는 관계죠.

자연에 비유한 오행 상생

관계	의미	비유
수생목 (水生木)	물이 나무를 키운다	비가 내려 나무가 자란다
목생화 (木生火)	나무가 불을 만든다	장작이 타서 불이 난다
화생토 (火生土)	불이 흙을 만든다	불이 타고 재가 되어 땅이 비옥해진다
토생금 (土生金)	흙이 금속을 만든다	땅속에서 광물이 생긴다
금생수 (金生水)	금속이 물을 만든다	차가운 금속에 물방울이 맺힌다

상극 관계는 서로 견제하는 관계입니다. 목은 토를 극하고, 토는 수를 극하고, 수는 화를 극하고, 화는 금을 극하고, 금은 목을 극합니다.

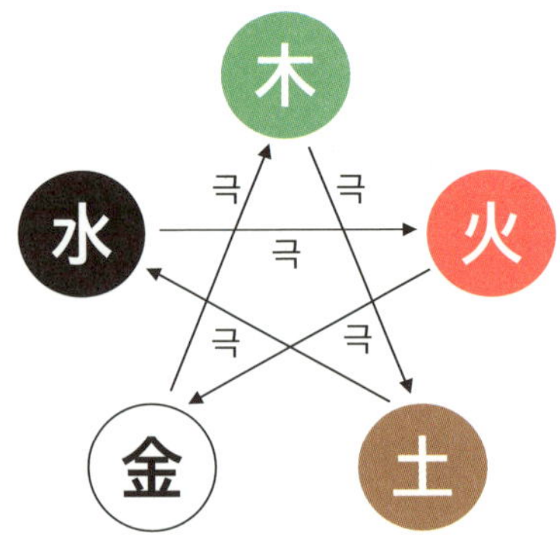

나무(木)는 뿌리로 흙(土)의 영양분을 빨아들입니다. 흙(土)은 물(水)을 흡수합니다. 물(水)은 불(火)을 끕니다. 불(火)은 금속(金)을 녹입니다. 금속(金)은 나무(木)를 베어냅니다.

자연에 비유한 오행 상극

관계	의미	비유
목극토 (木剋土)	나무가 흙을 뚫는다	나무뿌리가 흙을 파고든다
토극수 (土剋水)	흙이 물을 막는다	둑이 강물을 막는다
수극화 (水剋火)	물이 불을 끈다	물을 뿌리면 불이 꺼진다
화극금 (火剋金)	불이 금속을 녹인다	쇠를 불에 달궈 녹인다
금극목 (金剋木)	금속이 나무를 자른다	도끼가 나무를 벤다

이런 상생상극 관계를 이해하면 사람 간의 궁합이나 직업 적성은 물론이고, 심지어 인테리어나 옷 색깔 선택에도 활용할 수 있어요.

예를 들어 목이 약한 사람은 수가 강한 사람과 함께 있으면 도움을 받을 수 있고, 화가 너무 강한 사람의 경우 수의 기운을 보완하면 균형을 맞출 수 있습니다.

내 사주의 오행 균형 확인하고 활용하기

이제 실제로 내 사주의 오행 균형을 확인하는 방법을 알아보 겠습니다. 먼저 사주팔자의 각 글자가 어떤 오행에 해당하는지 를 파악해야 합니다.

생년월일시 각각의 천간과 지지를 오행으로 분류하면 되는데 요. 갑을은 목, 병정은 화, 무기는 토, 경신은 금, 임계는 수로 분 류하고, 지지도 마찬가지로 각각의 오행 속성을 확인합니다.

다음으로 어떤 오행이 많고 어떤 오행이 적은지 계산해봅니 다. 여덟 개 글자 중에서 목이 세 개, 화가 두 개, 토가 한 개, 금이 한 개, 수가 한 개라면, 목이 강하고 나머지는 약한 상태라고 볼 수 있어요.

다시 한번, 앞에서 봤던 세종 대왕님의 사주를 통해 설명드리 겠습니다.

세종 대왕님의 사주 명식

	壬	乙	丁
	辰	巳	丑
시주	일주	월주	년주

년주 정축은 정화와 축토, 월주 을사는 을목과 사화, 일주 임진은 임수와 진토로 이루어져 있습니다. 이걸 오행으로 나누면 목이 한 개, 화가 두 개, 토가 두 개, 금이 없고, 수가 한 개입니다. 한눈에 봐도 화와 토가 강하고, 금은 아예 없으며, 목과 수는 약한 구조죠.

화와 토가 강하다는 건 열정과 안정감이 동시에 있다는 뜻입니다. 화는 빛을 내고 세상을 밝히려는 에너지이고, 토는 그 에너지를 현실에 안착시키는 힘이거든요. 세종 대왕님이 한글이라는 혁신적인 아이디어를 창제함으로써 실제로 완성하고, 과학 기술을 발전시켜 백성의 삶에 실질적으로 적용하신 것이 바로 이 화토의 조화 덕분입니다. 생각만 하고 끝나는 게 아니라 반드시 현실로 만들어내는 힘이 있었던 거예요.

금이 없다는 점도 흥미롭습니다. 금은 규칙, 원칙, 전통을 상징하는데 이게 없으니 기존의 틀에 얽매이지 않는 특성이 생깁니다. 세종 대왕님이 수백 년간 써온 한자 체계를 과감히 벗어나 완전히 새로운 문자를 만들 수 있었던 건 바로 이 때문이에요. 만약 금이 강했다면 '한자가 전통인데 어떻게 바꿀 수 있나' 하는 생각에 갇혔을 수도 있습니다. 하지만 금이 없었기에 자유로웠고, 그 자유로움이 역사상 가장 위대한 창조로 이어진 것이죠.

목과 수는 약하지만 이 둘이 세종 대왕님의 핵심입니다. 일간 인 임수는 본인 자신이고, 을목은 그 물이 키워내는 생명이에요. 약하긴 해도 기운이 있기 때문에 지혜롭고 창의적인 사고가 가 능했습니다. 만약 수가 너무 강했다면 생각만 많고 실행이 약했 을 텐데, 화와 토가 받쳐주니 생각을 곧 현실로 만들어낼 수 있 었던 거죠. 임수의 깊은 지혜로 문제의 본질을 파악하고, 을목의 섬세함으로 백성의 마음을 헤아리며, 화의 열정으로 추진하고, 토의 안정감으로 완성하는 완벽한 흐름이었습니다.

결국 세종 대왕님의 사주는 창의적인 아이디어를 열정적으로 추진하고 현실에 확실하게 안착시키는, 완벽한 균형을 이룬 사 주입니다. 금이 없어서 오히려 자유로웠고, 그 자유로움 속에서 조선 역사상 가장 위대한 업적들을 남기신 거예요. 사주를 보면 그 사람이 왜 그런 선택을 했는지, 어떻게 그런 결과를 만들어낼 수 있었는지가 보입니다. 세종 대왕님의 사주가 바로 그 완벽한 예시입니다.

자, 오행 균형을 확인했다면 이를 어떻게 활용할지 생각해 봐 야 합니다. 강한 오행의 장점은 살리고 단점은 보완하며, 약한 오행은 다른 방법으로 보충해야 해요.

목이 너무 강하다면 화의 기운을 늘려서 목의 에너지를 분산시키거나, 금의 기운으로 목을 견제할 수 있습니다. 실생활에 적용해 본다면, 빨간색 옷을 입거나 따뜻한 성격의 사람들과 어울리는 것(火), 또는 흰색이나 금색 소품을 사용하거나 체계적인 일을 하는 것(金)으로 균형을 맞추는 거지요.

반대로 특정 오행이 부족하다면 그 오행을 도와주는 다른 오행을 늘리거나, 직접 그 오행의 기운을 보충할 수 있습니다. 수가 부족하면 검은색 옷을 입어도 되고, 물가에서 틈틈이 시간을 보내도 좋습니다. 수를 도와주는 금의 기운을 늘리는 것도 한 가지 방법이고요.

다만 앞서 말씀드린 건 모두 보조적인 수단일 뿐입니다. 핵심은 자신의 오행 특성을 이해하고 그에 맞는 생활 방식과 직업을 선택하는 것입니다. 예를 들어 목이 강한 사람은 창의적이고 도전적인 일을, 토가 강한 사람은 안정적이고 체계적인 일을 하는 것이 더 근본적인 해결책인 거죠.

오행은 사주 이해의 중심이자 실생활에 가장 쉽게 적용할 수 있는 개념입니다. 복잡한 사주 이론은 잘 모르더라도, 오행만 제대로 이해하면 자신과 타인을 파악하는 데 큰 도움이 됩니다.

사주팔자를
구성하는 오행

+ + +

지금부터 본격적으로 오행에 대해 다뤄보겠습니다. 오행은 목(나무), 화(불), 토(땅), 금(쇠), 수(물)로 이루어져 있다고 했었죠? 먼저 목부터 보겠습니다.

목(木)의 속성

나무는 왜 위로만 자랄까요? 옆으로 눕거나 아래로 처지지 않고, 하늘을 향해서 끝없이 성장합니다. 목의 에너지가 강한 사람들도 마찬가지예요. 가만히 있으면 답답해하고 항상 무언가를 향해 뻗어나가려 합니다. 이게 바로 목의 근본 성질입니다.

목의 에너지를 이해하면 왜 목이 강한 사람이 끊임없이 새로운 도전을 하는지, 왜 변화를 두려워하지 않는지 알 수 있어요. 반대로 목이 약한 사람은 왜 신중하고 안정을 추구하는지도 보입니다. 중요한 건 강함과 약함이 좋고 나쁨을 의미하지 않는다는 겁니다.

목이 강한 사람들의 내면세계

목의 기운이 강한 사람들은 머릿속이 항상 바쁩니다. 새로운 아이디어를 계속 떠올리고, 그걸 실행하고 싶어 안달을 내죠. '이런 사업은 어떨까?', '저런 취미를 해볼까?' 하며 끊임없이 계획을 세웁니다.

이런 분들에게 반복된 일상은 독과 같습니다. 매일 같은 일이 일정하게 반복되면 숨이 막힙니다. 그래서 환경을 바꾸기도 하고 새로운 분야에 자주 도전하기도 합니다. 이직을 많이 하거나 부업을 병행하는 것도 이런 성향 때문입니다.

목이 강한 사람들은 본능적으로 성장을 추구합니다. 현재 상태에 만족하지 못하고 더 나은 모습을 향해 나아가려고 하죠. 이런 성향은 큰 장점이지만, 때로는 성급함이 약점으로 이어지기도 합니다. 계획을 충분히 세우지 않고 무작정 시작했다가 중도에 포기하는 경우도 있으니까요.

갑(甲)목과 을(乙)목, 같은 듯 다른 에너지

목에도 두 가지 성격이 있습니다. 갑목은 큰 나무나 대나무 같은 성질이고, 을목은 꽃이나 풀 같은 성질이에요.

갑목인 사람은 웅장하고 당당합니다. 큰 그림을 그리고 리더십을 발휘하는 걸 좋아해요. 자신의 의견을 분명히 표현하는 모습을 지녔으며, 다른 사람들을 이끌어가는 능력이 뛰어납니다. 하지만 때로는 고집이 세거나 융통성이 부족할 수 있어요.

을목인 사람은 섬세하고 유연합니다. 상황에 따라 적절히 대응하는 능력이 뛰어나고, 다른 사람들의 마음을 잘 헤아려요. 창의성과 예술적 감각도 풍부합니다. 하지만 우유부단하거나 자신의 의견을 명확히 표현하지 못하는 약점이 있을 수 있습니다.

갑목이든 을목이든 공통점은 모두 성장과 확장을 추구한다는 겁니다. 다만 그 방식이 다를 뿐이지요. 갑목은 직진하며 돌파하고, 을목은 유연하게 틈새를 파고듭니다.

목이 약할 때 나타나는 모습과 보완법

목이 약한 사람은 신중하고 안정적입니다. 무모하게 도전하기보다는 확실해졌을 때 실행하는 것을 선호하고, 변화보다는 현상 유지를 편안해해요. 이런 성향은 결코 나쁜 게 아닙니다. 꾸준하고 신뢰할 수 있는 사람이라는 장점도 있어요. 하지만 너무 소극적이어서 기회를 놓치는 경우도 있죠. 새로운 시도를 두려워하거나, 자신감 부족으로 주저하다가 타이밍을 놓치는 거예요. 이럴 때는 목의 에너지를 보충해 주면 도움이 됩니다.

가장 효과적인 방법은 수의 기운을 늘리는 것입니다. 물은 나무를 자라게 하니까요. 검은색이나 초록색 옷을 입거나, 물가에서 시간을 보내는 것도 좋아요. 또 초록색 소품을 주변에 두거나 식물을 기르면 목의 에너지를 보충할 수 있습니다. 무엇보다 중요한 건 작은 변화부터 시도해 보는 것입니다. 갑자기 큰 도전을 할 필요는 없어요. 평소와 다른 길로 출근해 보는 것처럼 일상에서 작은 변화를 실천에 옮기는 것도 좋고, 새로운 취미를 시작하는 것도 좋은 방법입니다.

목의 에너지를 현실에서 활용하는 법

그렇다면 목이 강한 사람들은 이 에너지를 어떻게 활용하는 게 좋을까요? 가장 중요한 건 방향성을 잘 잡는 일입니다. 목은 확장하려는 성질이 강하기 때문에 방향을 잘못 잡으면 에너지가 분산될 수 있거든요.

목은 목표를 명확히 정하고, 그 목표를 향해 꾸준히 나아가야 합니다. 예를 들어 새로운 아이디어가 떠오르더라도, 현재 진행 중인 일을 마무리한 후에 새로 시작하는 습관을 들여야 해요. 그래야 목의 강한 추진력을 제대로 활용할 수 있습니다.

직업 선택에서도 목의 성향을 고려해야 해요. 창의성과 성장성이 중요한 분야가 적합합니다. 기획, 마케팅, 교육, 예술 분야 등이 대표적이죠. 반복적이고 변화가 없는 일은 목이 강한 사람에게 스트레스가 될 수 있어요.

인간관계에서는 목이 강한 사람끼리 만났을 때 주의해야 합니다. 함께 시너지를 낼 수도 있지만, 충돌할 가능성도 있거든요. 서로 주도권을 잡으려 하기 때문이에요. 이럴 때는 역할을 분담하거나 각자의 강점을 살릴 수 있는 방향으로 협력하는 게 좋습니다.

목의 에너지는 봄과 같습니다. 새로운 시작과 희망을 상징하죠. 이 에너지를 잘 이해하고 활용한다면 삶에 활력과 발전을 가져올 수 있습니다.

화(火)의 속성

불은 참 멋집니다. 어둠을 밝히고, 추위를 몰아내며, 사람들을 한곳으로 모이게 하죠. 화의 에너지를 가진 사람들도 이와 같은 성질을 가지고 있습니다. 이들 주변에는 자연스럽게 사람들이 모여들고, 분위기가 활기차게 바뀝니다.

화의 가장 두드러진 특징은 순간적인 폭발력과 열정적인 추진력입니다. 새로운 일을 시작할 때의 그 에너지는 정말 대단해요. 마치 마른풀에 불이 붙듯이 빠르게 번져나가죠. 하지만 이런 강력한 에너지는 양날의 검입니다. 너무 빨리 타오르다 보니 금세 소진되어버리는 경우도 생기거든요.

저는 화의 에너지가 강한 분들을 상담할 때, 이분들이 정말 놀라운 아이디어를 떠올리고 실행력을 보여주는 걸 여러 번 경험했습니다. 화의 핵심은 그 에너지를 어떻게 꾸준히 유지하느냐 하는 겁니다. 올바른 방향으로 활용한다면 주변 사람들에게까지 긍정적인 영향을 미치는 강력한 힘이 될 수 있습니다.

병(丙)화와 정(丁)화, 불의 두 가지 모습

화에는 크게 두 가지 성질이 있습니다. 하나는 태양 같은 강렬한 불이고, 다른 하나는 촛불 같은 온화한 불이에요. 사주에서는 태양 불을 병화, 촛불을 정화라고 합니다.

태양 불의 성질을 가진 사람은 스케일이 매우 큽니다. 생각하는 것도 크고, 꿈꾸는 것도 크죠. 많은 사람들 앞에서 자신을 표현하길 두려워하지 않고, 깔린 판 위에 서는 것도 즐깁니다. 연예인이나 정치인, 큰 사업을 하는 사람들 중에 이런 성질을 가진 경우가 많습니다.

다만 이런 사람은 자신의 빛이 너무 강해서 주변 사람들을 압도할 수 있다는 걸 기억해야 합니다. 자기도 모르게 다른 사람들을 작게 만들어버리거든요. 그래서 자신의 강렬함을 적절히 조절하는 지혜가 필요합니다.

촛불의 성질을 가진 사람은 좀 더 섬세하고 따뜻합니다. 큰 무대 위에 서기보다는 가까운 사람들과 깊은 관계를 나누는 걸 더 중시하죠. 다른 사람의 감정을 잘 읽고, 필요한 순간에 적절한 위로와 도움을 주는 능력이 뛰어나요. 이런 사람들의 가장 큰 장점은 지속성입니다. 태양 불처럼 한 번에 확 타오르지는 않지만, 오랫동안 꾸준히 자신의 역할을 해나가요. 교사나 상담사, 의료진 같은 직업에서 이런 성질이 잘 발휘됩니다.

하지만 촛불의 성질을 가진 사람은 자기 자신을 너무 많이 태워버리는 경우가 있어요. 다른 사람들을 위해 에너지를 모두 쏟아붓는 바람에 정작 자신은 지쳐버리는 거죠. 그래서 적절한 휴식과 재충전 시간을 갖는 것이 중요합니다.

화 에너지를 현실에서 활용하기

화가 강한 사람은 직업을 선택할 때 자신의 열정을 마음껏 펼칠 수 있는 분야를 찾는 것이 좋습니다. 영업이나 마케팅, 기획 업무, 창작 활동 등에서 화의 특성이 잘 표출됩니다.

이런 사람들이 새 프로젝트를 시작할 때 보여주는 집중력과 열정은 정말 대단합니다. 하지만 앞서 말씀드렸듯이, 문제는 지속성입니다. 처음 며칠은 밤을 새워서라도 하겠다고 달려들지만, 시간이 흐르면서 점점 흥미를 잃어가는 경우가 많아요. 이를 해결하려면 큰 목표를 여러 단계로 나누는 것이 좋습니다. 한 번에 모든 걸 끝내려고 하지 말고, 중간중간 성취감을 느낄 수 있게 계획을 세우는 거예요. 그러면 화의 에너지를 좀 더 오래 유지할 수 있습니다.

인간관계에서도 화의 장점이 발휘됩니다. 침체된 분위기를 활기차게 띄우고, 사람들에게 동기를 부여하는 능력이 뛰어나거든요. 다만 너무 적극적이어서 상대방이 부담스러워할 때도 있으니, 상황에 따라 반응을 잘 살필 필요가 있습니다.

화가 부족한 사람은 나무의 도움을 받으면 좋습니다. 나무가 타면서 불이 만들어지듯이, 목 에너지가 화를 만들어내거든요. 식물을 기르거나 자연에서 시간을 보내는 것, 책을 읽거나 새로운 학습 활동을 하는 것이 화 에너지를 늘리는 데 도움이 됩니다. 또 적극성을 기르는 연습도 해보세요. 작은 일이라도 먼저 나서보고, 자신의 생각을 표현하는 연습을 하는 거예요. 처음엔 어색할 수 있지만, 차츰 화의 에너지가 자연스럽게 나올 겁니다.

화 에너지의 균형 잡기

화는 여름에 가장 강해지고, 반대로 겨울에는 가장 약해지는 특성이 있습니다. 그래서 화가 강한 사람들은 계절에 따른 컨디션 변화를 느끼는 경우가 많아요. 여름엔 활발해지지만, 겨울엔 상대적으로 기운이 떨어지기 쉽죠. 이럴 때는 의식적으로 화 에너지를 보충해 주는 것이 좋아요. 빨간색이나 주황색 같은 따뜻한 색의 옷을 입거나, 밝은 조명 아래에서 시간을 보내는 것도 도움이 됩니다. 또한 사람들과 만나서 대화하고 웃는 시간을 늘리는 것도 좋은 방법이에요.

반대로 화가 너무 강할 때는 적절히 진정시켜야 할 필요가 있어요. 화가 과도하면 성급해지고, 감정 기복이 심해질 수 있거든요. 이럴 때는 물의 성질을 활용해서 화를 달래는 것이 좋습니다. 물가에서 산책을 하거나, 차분한 음악을 들으며 명상하는 시간을 갖는 거죠.

물론 다른 에너지들과의 균형도 중요합니다. 화는 나무가 불을 만들어내고, 불이 흙을 만들어내는 순환의 가운데에 있습니다. 그래서 화가 강한 사람들은 나무와 흙의 특성도 함께 이해하는 게 균형 잡힌 삶을 사는 데 도움이 됩니다.

화의 에너지는 생명력의 근원입니다. 올바르게 활용하면 자신은 물론 주변 사람들에게도 따뜻한 영향을 줄 수 있는 귀중한 힘이에요. 다만 불이 통제를 잃으면 모든 걸 태워버리듯이, 화의 에너지도 적절한 조절과 올바른 방향성이 필요합니다.

토(土)의 속성

사주에서 토는 조금 특별한 위치에 있습니다. 목화금수가 각각 봄, 여름, 가을, 겨울을 대표한다면, 토는 모든 계절의 중심에서 다른 에너지들을 받아주고 안정시키는 역할을 하거든요. 마치 땅이 모든 생명체를 품어주듯이요.

토는 흙의 성질이죠. 흙은 씨앗을 받아들여 싹을 틔우고, 나무가 뿌리를 내릴 수 있게 해주며, 모든 생명 활동의 터전이 됩니다. 토의 가장 큰 특징은 '안정성'입니다. 변하지 않음, 믿을 수 있음, 든든함을 상징해요. 사람에게서도 토는 비슷한 역할을 합니다. 토가 강한 사람은 주변 사람들의 중심이 되는 경우가 많아요. 큰 변화나 자극을 주지는 않지만, 항상 그 자리에서 단단하게 버텨주는 존재거든요. 친구들이 힘들 때 찾아가는 사람, 가족의 튼튼한 버팀목 역할을 하는 사람들이 바로 토가 강한 사람들이에요.

또한 토는 현실적이고 실용적인 성향이 강합니다. 화려한 꿈보다는 실현 가능한 목표를 세우고, 착실하게 하나씩 이뤄나가는 스타일이에요. 그래서 사업이나 투자에서도 안정적인 선택을 하는 경우가 많습니다. 토는 책임감 또한 강합니다. 한번 맡은 일은 끝까지 해내려고 하고, 다른 사람들과의 약속도 잘 지켜요. 그래서 주변에서 신뢰를 받는 경우가 많습니다.

무(戊)토와 기(己)토, 같은 흙이지만 다른 특성

토에도 두 가지 종류가 있습니다. 무토는 산이나 언덕 같은 큰 흙이고, 기토는 밭이나 정원 같은 작은 흙이에요.

무토인 사람은 큰 그릇을 가지고 있습니다. 많은 사람들을 포용할 수 있고, 조직의 리더나 관리자 역할을 잘합니다. 묵직하고 신뢰감 있는 카리스마가 있어서 사람들이 자연스럽게 의지하게 됩니다. 하지만 자칫 융통성이 부족하거나 변화에 느리게 반응할 수 있어요.

기토인 사람은 세심하고 꼼꼼합니다. 디테일을 놓치지 않고, 작은 것 하나하나까지 신경 써서 관리해요. 서비스업이나 관리 업무에서 뛰어난 능력을 발휘하는 경우가 많습니다. 다만 때로는 너무 완벽을 추구하다가 스트레스를 받기도 하죠.

어떤 토든 공통점은 지속성입니다. 포기하지 않고 꾸준히 노력하는 힘이 있어요. 그래서 단기간에는 눈에 띄지 않을 수 있지만, 장기적으로는 좋은 결과를 얻는 경우가 많습니다.

토가 약할 때의 특성과 보완법

토가 약한 사람은 불안정한 경향이 있습니다. 한곳에 정착하지 못하고 자주 이사를 하거나, 직업을 많이 바꾸기도 하죠. 또한 결정을 내리는 데 시간이 오래 걸리고, 우유부단한 모습을 보이기도 합니다. 하지만 이런 특성이 꼭 나쁜 것만은 아닙니다. 변화에 빠르게 적응할 수 있고, 새로운 환경에도 유연하게 대처하는 능력이 있거든요. 고정 관념에 얽매이지 않고 창의적인 발상을 하는 경우도 많습니다.

토가 약한 사람이 안정성을 기르려면 화의 기운을 늘리는 것이 도움이 됩니다. 불에 타고 난 재가 흙이 되듯, 화가 토를 만들어내거든요. 이럴 땐 빨간색이나 주황색 옷을 입거나, 따뜻한 음식을 먹는 것도 좋습니다. 또한 규칙적인 생활 습관을 만드는 것이 중요합니다. 매일 같은 시간에 일어나고 정해진 시간에 식사하며 꾸준히 운동하는 등, 일상에 규칙성을 더하면 토의 에너지가 강해집니다.

토의 에너지를 실생활에서 활용하는 법

토가 강한 사람은 이 에너지를 어떻게 활용해야 할까요? 가장 중요한 것은 자신의 안정성과 신뢰성을 바탕으로 다른 이에게 도움되는 일을 찾는 것입니다.

직업 선택에서는 꾸준함과 신뢰성이 중요한 분야가 좋습니다. 금융, 부동산, 교육, 의료, 공무원 등이 대표적이에요. 급격한 변화보다는 안정적인 성장이 가능한 분야에서 능력을 발휘할 수 있거든요.

사업을 할 때도 토의 특성을 살려야 합니다. 유행을 좇기보다는 오래갈 수 있는 사업 모델을 선택하고, 고객과의 신뢰 관계를 중시하는 것이 좋아요. 한 번에 큰 성공을 노리기보다는 꾸준히 성장하는 것을 목표로 하는 편이 잘 맞습니다.

인간관계에서도 토가 강한 사람들은 특별한 장점이 있어요. 다른 사람들의 이야기를 잘 들어주고, 조언을 구하면 현실적이고 도움이 되는 답을 해줍니다. 그래서 자연스럽게 사람들이 의지하게 되죠.

다만 토가 너무 강하면 변화를 거부하는 경향이 생길 수 있어요. 새로운 시도를 두려워하거나, 다른 사람의 의견을 받아들이지 않기도 합니다. 이럴 때는 의식적으로라도 새로운 경험을 해보려고 노력해야 합니다.

토는 계절 중에서 늦여름, 즉 계절과 계절 사이의 전환기를 담당합니다. 변화의 시기에 안정감을 주는 역할이죠. 토의 에너지를 잘 활용하면 어떤 상황에서도 중심을 잃지 않고 든든하게 버틸 힘을 얻을 수 있습니다.

토의 에너지는 대지와 같습니다. 두드러지지는 않지만 모든 것의 기반이 되고 변하지 않는 믿음을 줍니다. 이런 에너지를 이해하고 활용한다면 삶에 안정과 신뢰를 가져올 수 있을 겁니다.

금(金)의 속성

쇠나 금은 가열하면 액체가 되었다가 식으면 다시 단단해지고, 두들기면 얇게 펴집니다. 금의 에너지를 가진 사람들도 이런 특성을 보여줍니다. 상황에 따라 유연하게 변화하면서도 자신만의 확고한 원칙은 잃지 않아요. 금의 핵심은 정교함과 명확함에 있습니다. 복잡한 문제도 논리적으로 분석해서 핵심만 골라내는 능력이 뛰어나지요. 금이 강한 사람은 마치 정밀한 도구처럼 필요한 부분만 정확하게 건드리는 재주가 있습니다. 다만 이런 예리함 때문에 때로는 다른 사람들이 날카롭다고 느낄 수도 있어요.

제가 상담을 하면서 금의 에너지가 강한 분을 만날 때마다 감탄하는 부분이 있습니다. 문제의 핵심을 파악하는 속도가 매우 빠르고, 해결 방안을 체계화하는 능력이 정말 뛰어나다는 겁니다. 하지만 완벽주의 성향이 강해서 자신에게도, 때로는 다른 사람에게도 꽤 엄격한 잣대를 적용하는 듯해요.

경(庚)금과 신(辛)금의 서로 다른 특성

금에는 크게 두 가지 형태가 있습니다. 칼이나 도구처럼 실용적인 목적을 지닌 금속, 그리고 반지나 목걸이 같은 장식용 금속입니다. 사주에서는 전자를 경금, 후자를 신금이라고 합니다.

경금, 도구의 성질을 가진 사람은 정말 시원시원합니다. 할 말이 있으면 바로 하고, 옳다고 생각하는 일은 추진력 있게 밀어붙여요. 원칙과 기준이 명확해서 리더십도 뛰어나죠. 법조계나 의료계, 공무원 같은 분야에서 이런 성질을 가진 분들이 두각을 나타내는 경우가 많습니다. 경금의 가장 큰 강점은 일관성입니다. 한번 정한 원칙은 쉽게 바꾸지 않고, 책임감도 강해요. 하지만 자신의 기준에 맞지 않는 사항에 대해서는 비판적인 시각을 보이기 쉽고, 융통성이 부족해 보일 때도 있습니다.

장식품의 성질을 가진 신금은 좀 더 섬세하고 우아한 면이 있어요. 아름다운 것을 추구하고, 품격을 중시합니다. 세부 사항에 신경을 많이 쓰고, 완성도 높은 결과물을 만들어내는 데도 탁월한 능력을 보여줘요. 이런 분들은 미적 감각이 뛰어나서 디자인이나 예술 분야에서 재능을 발휘하는 경우가 많습니다. 다만 너무 완벽을 추구하다 보니 결정을 내리는 데 시간이 오래 걸리거나, 스스로에게 과도한 압박을 주기도 해요.

금 에너지의 현실적 활용

금이 강한 사람들은 정밀함이 요구되는 업무에서 뛰어난 성과를 보입니다. 회계나 법무, 의학적 진단, 품질 관리 같은 분야가 잘 맞아요. 실수를 용납하지 않는 꼼꼼함이 있거든요.

이런 분들의 업무 스타일을 보면 매우 체계적입니다. 계획을 세밀하게 세우고, 단계별로 점검하면서 진행해요. 덕분에 큰 실수 없이 안정적인 결과를 만들어냅니다. 다만 예상치 못한 변수가 생기면 크게 당황하기도 하고, 완벽을 추구하느라 속도가 느려지기도 해요. 인간관계에서는 믿을 만한 사람으로 평가받는 편입니다. 약속은 반드시 지키고, 맡은 일에 대한 책임감이 강하거든요. 하지만 감정 표현이 직접적이어서 때로는 차가운 사람으로 오해받기도 하지요.

금이 부족한 분은 안정성을 기르는 게 도움이 됩니다. 흙이 단단해져서 금속이 되듯이, 토 에너지를 늘리면 금 에너지도 함께 강화되거든요. 규칙적인 생활 습관을 만들고, 체계적으로 일을 처리하는 연습을 해보세요. 또한 정리정돈하는 습관을 기르는 것이 중요합니다. 작은 것부터 차근차근 정리하는 연습을 하다 보면, 자연스럽게 금의 정밀함과 체계성을 기를 수 있어요.

금 에너지의 균형 있는 발휘

금은 가을에 가장 활발해지고, 여름에는 상대적으로 약해지는 특성이 있습니다. 그래서 금이 강한 분들도 계절에 따른 컨디션 차이를 느끼는 경우가 많아요. 가을에는 집중력과 분석력이 더욱 날카로워지지만, 여름에는 평소보다 둔감해지는 거죠.

이런 변화를 고려해서 계절에 맞는 활동을 하는 것이 좋습니다. 금 에너지가 약할 때는 흰색이나 회색 옷을 입거나, 금속 재질의 액세서리를 착용하는 것도 도움이 돼요. 조용하고 깔끔한 환경에서 집중할 수 있는 시간을 늘리는 것도 좋은 방법입니다.

반대로 금이 너무 강해서 경직되는 느낌이 들 때는 부드러움을 더해줄 필요가 있어요. 금이 과도하면 융통성이 떨어지고 스트레스가 쌓이기 쉽거든요. 이럴 때는 물의 유연함을 활용해 보세요. 음악 감상이나 산책 같은 여유로운 활동이 좋습니다.

금 에너지는 다른 에너지들과 조화를 이룰 때 더욱 빛을 발합니다. 흙의 안정감이 금의 기반이 되고, 금의 명확함이 물의 흐름을 만들어내는 자연스러운 순환이 있어요. 이런 전체적인 균형을 이해하면 금의 장점을 더욱 효과적으로 활용할 수 있습니다. 금의 에너지는 정확성과 우수한 품질의 상징입니다. 제대로 활용하면 어떤 분야에서든 전문성과 신뢰성을 바탕으로 뛰어난 결과를 만들어낼 수 있어요. 다만 너무 날카로워서 자신이나 주변 사람들에게 부담을 주지 않도록, 따뜻함과 포용력도 함께 기르는 것이 중요합니다.

수(水)의 속성

　물처럼 신비로운 것도 없을 겁니다. 단단한 바위를 피해 돌아가는 한편, 결국은 그 바위조차 깎아내죠. 모습도 변화무쌍해 흐르는 물이 얼음이 되기도 하고 수증기로 변하기도 합니다. 어떤 모습이든 가능하면서도 물이라는 본질은 절대 잃지 않습니다. 수 에너지를 가진 사람들도 이런 물의 성격을 많이 닮아 있어요.

　수의 핵심은 변화에 대한 적응력과 모든 것을 받아들이는 포용력에 있습니다. 그 어떤 상황에 처해도 자신을 맞춰서 변화시킬 수 있지요. 물을 어떤 용기에 담느냐에 따라 모양이 달라지듯, 수 에너지가 강한 사람들도 환경이나 만나는 사람에 따라 다른 면모를 보여주는 경우가 많습니다. 하지만 이런 유연함으로 인해 때로는 일관성이 부족하다거나 우유부단하다는 평가를 받기도 합니다.

　제가 수 에너지가 강한 분들과 상담을 하다 보면 늘 놀라게 되는 사실이 있습니다. 겉으로는 조용해 보여도 속에는 정말 깊고 복잡한 내면의 세계가 있다는 점이에요. 또한 논리적으로 설명하기는 어려워도, '뭔가 이상하다', '이건 잘될 것 같다' 하는 직감이 뛰어난 것 같습니다.

임(壬)수와 계(癸)수, 서로 다른 물의 성격

수에도 여러 가지 특성이 있습니다. 큰 강처럼 웅장하게 흐르는 물이 있는가 하면, 이슬방울처럼 조용하고 은밀한 물도 있어요. 사주에서는 전자를 '임수', 후자를 '계수'라고 하는데, 각각 다른 성격을 보입니다.

강처럼 큰 물의 성질을 가진 사람들은 스케일 자체가 다릅니다. 생각하는 범위도 넓고, 추진하는 일의 규모도 큰 편이에요. 여러 사람들과 관계 맺는 것을 좋아하고, 넓은 영역에서 자신의 영향력을 펼치려고 합니다. 다양한 사람들을 자연스럽게 품어주는 포용력이 있어서 리더 역할을 잘하는 경우가 많아요. 이런 사람들은 전체적인 흐름을 보는 눈이 탁월합니다. 복잡한 상황에서도 큰 그림을 그리고, 장기적인 시각으로 문제를 바라보는 능력이 있어요. 하지만 때로는 욕심이 너무 커서 현실적인 제약을 무시할 때가 있습니다. 세세한 부분에서 놓치는 것이 생길 때도 있고요.

이슬이나 빗물 같은 성질을 가진 사람들은 훨씬 섬세하고 세심합니다. 상황을 자세히 관찰하고, 신중하게 움직이는 스타일이에요. 다른 사람의 마음을 잘 읽고, 적절한 순간에 필요한 도움을 주는 능력이 뛰어납니다. 이런 사람들의 가장 큰 강점은 꾸준함과 지속성입니다. 한 번에 큰 변화를 만들어내지는 못해도, 조금씩 꾸준히 발전을 이루어나가는 능력이 있어요. 상담이나 교육, 연구 같은 분야에서 이런 특성이 잘 발휘되는 것 같습니다. 다만 너무 조심스러워서 좋은 기회를 놓치거나, 결정을 내리는 데 필요 이상으로 시간을 소모하기도 해요.

수 에너지의 현실적인 활용

수가 강한 사람들은 흐름을 읽고 적절한 타이밍을 찾아 중요한 분야에서 두각을 나타냅니다. 상담, 심리 치료, 마케팅, 고객 서비스 같은 업무가 잘 맞아요. 상대방의 감정 상태나 상황을 민감하게 파악하는 재주가 있거든요. 이런 사람들의 가장 큰 무기는 적응력입니다. 갑작스러운 변화가 생겨도 당황하지 않고 상황에 맞춰 대응하는 능력이 뛰어나거든요. 다른 사람들은 스트레스를 받는 불확실한 상황에서도 수 기운이 강한 사람들은 차분하게 자심만의 해결책을 찾아나갑니다. 인간관계에서는 포용력과 공감 능력이 큰 자산이 됩니다. 다른 사람의 처지를 잘 이해하고, 갈등이 생겼을 때도 중간에서 조율하는 역할을 잘 해내는 편이에요.

다만 자신의 생각을 분명하게 표현하는 일에 어려움을 느낄 때도 있습니다. 명확한 방향성을 잡기 힘들어하는 경우도 있고요. 너무 유연해서 어디로 향해야 할지 확신이 서지 않는 순간들이 생기는 거죠. 또한 감정의 변화가 커서 컨디션에 따라 업무의 질이 달라지기도 합니다.

수가 부족한 분들은 금속의 차가운 성질을 활용하면 도움이 됩니다. 금속이 녹으면서 물이 생기듯이, 금 에너지가 수를 생성하거든요. 체계적인 계획 세우기나 정리정돈 같은 작은 일을 해보면서, 차근차근 융통성을 기르는 연습을 시작해 봅시다. 또한 무엇보다 '흐름에 맡기는 법'을 익히는 것이 중요합니다. 모든 걸 완벽하게 통제하려고 하지 말고, 상황 변화를 자연스럽게 받아들이는 연습을 해보는 거예요.

수 에너지의 균형 잡힌 활용

수는 겨울에 가장 강해지고, 여름에는 상대적으로 약해지는 특성이 있습니다. 그래서 수가 강한 사람들 또한 계절에 따른 컨디션 변화를 확실하게 느끼는 경우가 많아요. 겨울에는 더욱 깊이 있는 사고를 하지만, 여름에는 활동력이 상당히 떨어질 수 있죠. 이런 계절적 특성을 고려해서 활동 패턴을 조절하는 것이 좋습니다. 수 에너지가 약할 때는 검은색이나 짙은 파란색 계열의 옷을 입거나, 물가에서 시간을 보내는 것도 도움이 돼요. 충분한 수분 섭취와 적절한 휴식도 중요합니다.

반대로 수가 너무 강해서 무기력감이 느껴질 때는 활력을 불어넣어 줘야 해요. 수가 과도하면 의욕이 떨어지고 우울한 기분이 들 수 있거든요. 이럴 때는 나무의 생명력을 빌려보세요. 운동이나 야외 활동을 늘리고 새로운 도전을 시도해 보면 도움이 됩니다.

수 에너지도 다른 에너지들과의 순환 관계를 이해하는 것이 중요합니다. 금속이 수를 만들어내고, 수는 나무를 키워주는 자연스러운 흐름이 있거든요. 이런 전체적인 균형을 파악하면 수의 장점을 더욱 효과적으로 발휘할 수 있습니다.

수의 에너지는 지혜와 직관력의 원천입니다. 제대로 활용하면 폭풍처럼 변화가 많은 상황에서도 흔들리지 않는 내적 평온함을 얻을 수 있어요. 다만 너무 흘러가기만 해서 방향감각을 잃지 않도록, 적절한 목표를 설정하고 추진력을 기르는 것이 중요합니다.

이렇게 오행에 대해 자세하게 알아봤습니다. 오행이 사주의 처음이자 끝이라고 생각하셔도 무방합니다. 사주팔자 전체를 이루는 핵심 요소이기 때문이죠.

60가지 일주로
나를 설명하다

+ + +

이제 천간 열 개와 지지 열두 개가 조합되어 만들어지는 60가지 패턴, 즉 60갑자에 대해 알아보겠습니다. 천간은 갑, 을, 병, 정, 무, 기, 경, 신, 임, 계이고, 지지는 자, 축, 인, 묘, 진, 사, 오, 미, 신, 유, 술, 해입니다. 갑자부터 시작해서 을축, 병인, 정묘 이런 식으로 순서대로 조합됩니다. 천간 열 개가 한 바퀴 돌 동안 지지는 열 개만 사용되고, 지지 열두 개가 한 바퀴 돌 동안 천간은 열두 개가 필요하니까, 최소공배수인 60개가 나오는 원리입니다. 이 60개 조합이 다시 처음으로 돌아오려면 60년이 걸려요. 그래서 '환갑(還甲)'이라는 말이 나온 거죠.

이렇게 세상에는 총 60가지 일주가 있습니다. 지금부터 이 60가지 일주의 특성을 하나하나 설명해 보도록 하겠습니다.

갑목이 천간에 뜨는 여섯 가지 일주는 '큰 나무'라는 공통된 본질을 가지지만, 그 나무가 어떤 땅에 뿌리를 내렸느냐에 따라 삶의 모습은 달라집니다. 겨울 얼음 위에 선 나무는 인내를 배우고, 여름 태양 아래 선 나무는 세상에 그늘을 드리우며 자라지요. 이처럼 갑목은 언제나 '성장'의 상징입니다. 어떤 환경에서도 멈추지 않고 뻗어나가는 생명력, 그것이 바로 갑목이 가진 가장 큰 힘입니다.

갑자일주(甲子日柱)

갑목: 큰 나무
자수: 깊은 겨울의 얼음물

갑자는 한겨울의 얼음물 속에 뿌리를 내리고 서 있는 큰 나무와 같습니다. 세상이 혹독한 추위로 얼어붙어 멈춘 듯한 때에도 묵묵히 뿌리를 뻗으며 버티는 기운을 가졌습니다.

이 일주는 인내심이 깊고, 조용하지만 내면의 힘이 강합니다. 처음엔 더디게 성장하지만, 한번 길을 잡으면 끝까지 나아갑니다. 또한 차분한 판단력과 집중력을 갖고 있어서 어려운 환경에서도 자신만의 방식으로 돌파해 내는 사람이 많습니다. 다만, 차가운 기운이 강해 외로움을 느낄 수 있으니, 따뜻한 인간관계와 감정의 교류가 필요합니다.

갑자일주는 '깊은 물 위에 뿌리 내려 새로운 시작을 여는 개척자'입니다.

갑인일주(甲寅日柱)

갑목: 큰 나무
인목: 숲의 나무

갑인은 울창한 숲속에서 더불어 자라는 큰 나무와 같습니다. 자신과 비슷한 기운을 가진 사람들과 함께 성장하며, 자연스럽게 리더의 자리에 서게 되지요.

주도적이고 추진력이 강하며, 스스로 목표를 세우고 실행하는 힘이 탁월합니다. 새로운 길을 개척하는 데 두려움이 없고, 조직이나 단체 안에서도 중심이 되는 경우가 많지요. 자신감이 지나치면 독단적으로 보일 수 있으니, 함께 자라는 '숲'의 조화를 잊지 않는 것이 좋겠습니다.

갑인일주는 '끊임없이 하늘을 향해 뻗어가는 숲속의 푸른 꿈'입니다.

갑진일주(甲辰日柱)

갑목: 큰 나무
진토: 아이디어의 창고, 목의 뿌리를 품은 흙

갑진은 물기를 머금은 단단한 흙이 뿌리를 받쳐 주는, 대지 위의 큰 나무입니다. 진토는 수기를 품은 토로, 아이디어와 사고력이 풍부한 기운을 지녔습니다.

이 일주는 현실 감각이 뛰어나며, 이상을 구체적인 성취로 바꿀 줄 압니다. 실속 있고 체계적인 성향으로, 돈과 명예를 동시에 쌓는 사람도 많지요. 한편, 지나치게 현실에 매몰되어 완벽을 추구하다 보면 유연함을 잃을 수 있으므로, 때로는 자연의 흐름에 자신을 맡기는 여유가 필요합니다.

갑진일주는 '대지에 단단히 뿌리 내려 흔들림 없이 성장하는 거목'입니다.

갑오일주(甲午日柱)

갑목: 큰 나무
오화: 뜨거운 태양

갑오는 태양 아래에서 힘차게 자라는 커다란 나무입니다. 태양의 열기를 받아 빠르게 성장하고, 세상에 자신의 존재를 드러내는 기운이 강합니다.

이 일주는 열정과 추진력이 넘치며, 목표를 정하면 전력을 다해 달려갑니다. 주변을 밝히고 이끌어주는 리더십이 강하고, 사회적 성공이나 명예를 얻는 경우도 많습니다. 단, 불의 기운이 지나치면 감정의 기복이 심하게 커지거나 과열될 수 있으니, 쉼의 균형을 잊지 말아야 합니다.

갑오일주는 '열정의 불꽃을 품고 세상을 향해 달려가는 뜨거운 전사'입니다.

갑신일주(甲申日柱)

甲	갑목: 큰 나무
申	신금: 단단한 쇠

갑신은 쇠붙이 사이를 뚫고 자라는 큰 나무와 같습니다. 거친 환경 속에서도 꿋꿋하게 자라며, 현실적 판단력과 냉철함을 함께 지녔습니다.

이 일주는 세상살이에 능숙하고 경쟁 속에서도 자신의 길을 만들어나가죠. 비즈니스 감각이 뛰어나고 실용적인 사고를 갖고 있습니다. 위기에도 흔들리지 않고요. 하지만 지나치게 계산적이거나 냉정하게 행동하면 주변과 거리가 멀어지게 됩니다. 따뜻한 감정을 표현하는 걸 잊지 않는 것이 중요한 사주죠.

갑신일주는 '도끼질에도 꺾이지 않는 굳건한 신념의 소유자'입니다.

갑술일주(甲戌日柱)

甲	갑목: 큰 나무
戌	술토: 화의 창고, 변화의 에너지를 품은 단단한 산

갑술은 단단한 산 위에 뿌리를 깊게 내린 큰 나무입니다. 술토는 화의 기운을 품고 있는 흙으로, 뜨거운 열정을 내면에 간직한 안정된 대지의 상징이고요.

이 일주는 신념이 강하고 한번 마음먹은 일은 끝까지 밀고 나갑니다. 겉보기에는 차분하지만 내면의 열정은 누구보다 뜨겁죠. 자기 확신이 강해 독립적으로 살아가는 경우가 많으며, 신뢰와 원칙을 중시합니다. 다만 고집이 지나치면 융통성을 잃기 쉬우니, 가끔은 자신의 생각을 내려놓고 타인의 조언을 들을 필요가 있습니다.

갑술일주는 '묵묵히 자리를 지키며 신뢰를 쌓아가는 든든한 버팀목'입니다.

을목은 부드럽지만 강한 생명력을 상징합니다. 단단한 갑목이 세상을 뚫고 나가는 '리더형 나무'라면, 을목은 주변과 어우러지며 세상을 따뜻하게 감싸는 '조화의 나무'입니다. 을목일주는 환경에 따라 어떤 모습으로든 자라나지만, 결국은 사람을 통해 피어나고, 관계를 통해 성장합니다. 그래서 을목의 삶은 늘 사람 속에서 완성됩니다. 조용히 자라지만 끝내 세상을 아름답게 만드는 존재, 그것이 바로 을목입니다.

을축일주(乙丑日柱)

甲
丑

을목: 덩굴, 꽃
축토: 금의 창고, 겨울의 얼음 땅

을축은 차가운 겨울 땅 위에서 작은 덩굴이 움을 틔우는 모습입니다. 꽁꽁 언 흙 속에 어렵게 뿌리를 내리고, 눈과 얼음을 녹이며 피어나는 생명이지요.

이 일주는 내면의 강인함이 뛰어나며, 아무리 힘든 환경에서도 끝내 길을 찾아 나갑니다. 겉으론 부드럽고 조용하지만, 속에는 꺾이지 않는 생명력이 있습니다. 현실 감각이 뛰어나고 신중하며, 안정된 기반을 선호하고요. 다만 지나친 조심성으로 기회를 놓칠 때가 있으니, 따뜻한 봄기운이 왔을 때는 용기 있게 세상 밖으로 나서는 것이 좋습니다.

을축일주는 '단단한 땅 위에서 부드럽게 세상을 감싸는 사람'입니다.

을묘일주(乙卯日柱)

乙
卯

을목: 덩굴, 꽃
묘목: 푸른 숲, 봄의 생명

을묘는 봄의 숲속에서 서로 얽히며 자라는 덩굴입니다. 부드럽고 세심하며, 주변 사람들의 감정을 잘 읽고 조화를 이룹니다.

이 일주는 감성적인 동시에 현실적이고, 뛰어난 미적 감각과 섬세한 표현력을 지녔습니다. 새로운 것을 배우는 데도 빠르고, 시대의 흐름을 읽는 능력이 탁월 하지요. 그렇더라도 너무 주변만 신경 쓰면 정작 자신의 중심을 잃을 수 있으니, '나'라는 뿌리를 단단히 세워두는 것도 중요합니다.

을묘일주는 '바람에 흔들려도 결코 꺾이지 않는 유연한 생명력'입니다.

을사일주(乙巳日柱)

을목: 덩굴, 꽃
사화: 아침의 태양, 따뜻한 불

을사는 따뜻한 햇살 아래에서 활짝 피어나는 꽃입니다. 태양의 기운을 받아 세상에 자신을 드러내는 사람으로, 매력과 표현력이 풍부합니다.

이 일주는 감성적이면서도 추진력이 있으며, 감각적인 분야에서 두각을 나타내는 경우가 많습니다. 예술, 디자인, 미디어, 강의 등 '보이는' 직업과 연이 깊고요. 다만 불의 기운이 강하면 감정 기복이 심해질 수 있으므로, 한 번에 판단하기보다는 꾸준함과 인내로 균형을 잡는 것이 좋습니다.

을사일주는 '따뜻한 햇살 아래 피어나는 봄날의 꽃'입니다.

을미일주(乙未日柱)

을목: 덩굴, 꽃
미토: 화의 결실을 품은 흙, 경험의 토양

을미는 부드러운 덩굴이 따뜻한 흙 위에서 안정적으로 피어나는 모습입니다. 미토는 화의 기운이 금으로 넘어가는 흙으로, 경험이 결실로 이어지는 토죠.

이 일주는 현실과 감성을 잘 조화시켜, 부드럽지만 탄탄한 인생을 만들어갑니다. 융통성이 뛰어나며, 배우자운과 재물운이 함께 들어오는 경우가 많습니다. 주변을 배려하면서도 실리를 챙기는 지혜가 있어, 사람들에게 신뢰받는 스타일이기도 하고요. 단, 지나친 배려로 자신을 희생하지 않도록 스스로의 중심을 놓지 않는 것이 중요합니다.

을미일주는 '메마른 땅에도 생명을 틔우는 포근한 품'입니다.

을유일주(乙酉日柱)

을목: 덩굴, 꽃
유금: 단단한 금속, 가을의 날카로움

을유는 가을의 쇠붙이 위에 피어난 들꽃입니다. 차가운 금 기운 위에서도 우아함을 잃지 않고, 단단한 세계 속에서 아름다움을 만들어냅니다.

이 일주는 섬세한 감각과 냉철한 현실 감각을 동시에 가지고 있습니다. 사람을 보는 눈이 정확하며, 미묘한 균형을 맞추는 능력이 뛰어나죠. 단, 금의 기운이 강하면 감정이 메마른 사람처럼 보여, 인간관계에서 냉정하게 비칠 수 있습니다. 따뜻한 대화와 진심 어린 표현이 을유일주에게는 가장 큰 복이 됩니다.

을유일주는 '날카로운 세상에서 아름다움을 빚어내는 장인의 손'입니다.

을해일주(乙亥日柱)

乙	을목: 덩굴, 꽃
亥	해수: 깊은 바다, 무한한 가능성의 물

을해는 끝없이 넓은 바다 위에 떠 있는 덩굴입니다. 감성과 상상력이 풍부하고, 직관이 발달한 사주죠.

이 일주는 예술적 재능이 풍부하고, 세상의 흐름을 읽는 통찰력이 있습니다. 생각이 깊고 감정의 폭도 넓기 때문에 글, 음악, 상담, 예술 분야에서 큰 성공을 거두는 경우가 많습니다. 하지만 너무 많은 생각은 자기 자신을 흔들리게 할 수 있으니, 구체적인 목표를 세워 현실에 뿌리 내리는 것이 중요합니다.

을해일주는 '물결을 따라 어디로든 흘러가는 자유로운 영혼'입니다.

병자일주부터 병술일주까지

병화는 '세상을 밝히는 빛'입니다. 어디에 비추든 그 자리를 따뜻하게 만들고, 사람들에게 에너지를 주지요. 하지만 빛이 강할수록 그 자신은 더 빨리 지칩니다. 그래서 병화는 '자신을 태워 세상을 비추되, 스스로의 온기를 잃지 않는 것'이 중요합니다. 병화일주는 세상을 바꾸는 힘이 있는 사람들입니다. 그들의 따뜻한 빛은 늘 누군가의 하루를 다시 시작하게 만듭니다.

병자일주(丙子日柱)

丙	병화: 태양, 밝은 빛
子	자수: 깊은 겨울의 얼음물

병자는 한겨울의 차가운 물 위에서 빛을 비추는 태양과 같습니다. 얼어붙은 세상 속에서도 희망의 불씨를 놓지 않는 기운이지요. 차가운 현실 한가운데서 따뜻한 희망을 전하는 사람, 그것이 병자일주의 모습입니다.

이 일주는 어둠 속에서 스스로 빛을 내며, 어려운 환경에서도 포기하지 않습니다. 감성적이지만 의지가 강하고, 남을 따뜻하게 비추려는 마음이 큽니다. 하지만 물의 냉기가 태양의 열기를 약하게 만들기도 하므로, 감정의 기복이나 무기력감을 느낄 때가 있습니다. 그럴 때일수록 '나를 믿는 힘'을 잃지 말아야 합니다.

병자일주는 '호수에 비친 태양처럼 깊이와 빛을 함께 품은 존재'입니다.

병인일주(丙寅日柱)

병화: 태양, 밝은 빛
인목: 봄의 나무, 생명의 시작

병인은 봄의 숲 위로 떠오르는 아침 태양입니다. 새로운 시작과 성장의 기운을 비추며, 세상에 활기를 불어넣지요.

이 일주는 추진력이 강하고 낙천적이며, 리더십을 자연스럽게 발휘합니다. 목 기운이 태양의 불을 도와주기 때문에, 이상과 현실을 조화롭게 펼쳐나갈 수 있어요. 타인을 이끌며 함께 성장하는 기운이 강하고, 사람들을 긍정적으로 변화시키는 힘도 있습니다. 다만 자신감이 지나쳐 조급해질 때도 있으니, 주변의 속도를 기다려주는 여유가 필요합니다.

병인일주는 '거대한 숲에 생명을 불어넣는 강렬한 태양'입니다.

병진일주(丙辰日柱)

병화: 태양, 밝은 빛
진토: 아이디어의 창고, 물기를 품은 흙

병진은 비옥한 흙 위에서 온기를 전하는 따뜻한 햇살입니다. 진토가 수기를 품고 있어, 태양이 비추면 그 속에서 새싹이 돋아나는 형상이지요.

이 일주는 창의력과 현실력이 모두 뛰어납니다. 아이디어를 실제로 구현하는 능력이 있으며, 구체적인 결과를 내는 데 강합니다. 늘 긍정적이고 생산적이며, 실속 있는 성과를 만들어내는 타입이죠. 책임감이 너무 강해 스스로를 몰아붙이는 경향이 있으니, '완벽함보다 지속성'을 기억하는 것이 좋습니다.

병진일주는 '대지를 비추며 착실하게 세상을 밝히는 빛'입니다.

병오일주(丙午日柱)

| 丙 | 병화: 태양, 밝은 빛 |
| 午 | 오화: 한낮의 태양, 정점의 불 |

병오는 태양이 정오에 이른 형상입니다. 세상을 가장 강하게 비추는 에너지로, 카리스마와 자신감이 넘칩니다.

이 일주는 스포트라이트를 받는 자리에서 가장 빛이 납니다. 리더십, 표현력, 추진력, 매력 모두 뛰어나며, 대중 앞에 설수록 빛을 발하지요. 연예인, 사업가, 정치가 등 자신의 영향력을 드러내는 분야에서 두각을 나타내는 경우가 많습니다. 하지만 너무 강한 불은 주변을 태울 수 있습니다. 자신의 열정을 조금은 숙이고, 타인의 빛도 인정할 줄 아는 여유가 병오일주의 진짜 성숙함입니다.

병오일주는 '한낮에 타오르는 정열의 태양'으로 누구도 막을 수 없는 존재감을 지녔습니다.

병신일주(丙申日柱)

| 丙 | 병화: 태양, 밝은 빛 |
| 申 | 신금: 단단한 쇠, 가을의 결실 |

병신은 쇠붙이에 반사되어 더욱 빛나는 태양입니다.

이 일주는 재능이 현실적으로 발휘되며, 결과로 보여주는 능력이 탁월합니다. 이론보다 실전에서 강하고, 일의 완성도를 높이는 감각이 뛰어납니다. 책임감이 강하며, 신뢰를 중요하게 여겨 조직이나 사회 속에서도 중심을 잘 잡습니다. 금의 차가운 성질이 병화의 뜨거움을 제어하기 때문에, 냉정함과 따뜻함이 조화를 이루는 타입입니다. 다만 감정을 속으로 억누르다 보면 외로움이 생길 수 있으니, 마음을 터놓을 상대를 곁에 두는 것이 좋겠습니다.

병신일주는 '뜨거운 열정과 냉철한 이성을 함께 품은 균형의 화신'입니다.

병술일주(丙戌日柱)

丙　병화: 태양, 밝은 빛
戌　술토: 화의 창고, 열정을 머금은 단단한 산

병술은 태양이 산등성이 위에 걸린 모습입니다. 그 빛이 흙에 스며들어 온 세상을 따뜻하게 만들지요.

이 일주는 내면의 열정이 강하고, 신념이 확고합니다. 겉으로는 차분해 보이지만 속에는 꺼지지 않는 불이 있습니다. 조직이나 사회 속에서 신뢰를 얻으며, 원칙과 책임을 중요하게 여깁니다. 술토의 기운 덕분에 목표를 향한 지속력이 강하지만, 때로는 지나친 완벽주의로 자신을 답답하게 만들기도 합니다. 조금은 불완전함을 받아들이는 여유가 병술일주를 더욱 깊은 사람으로 만들어줍니다. 병술일주는 '땅을 따뜻하게 품어 열매를 맺게 하는 가을 햇살'입니다.

정축일주부터 정해일주까지

정화는 병화처럼 세상을 압도하는 태양이 아니라, 조용히 세상을 따뜻하게 하는 불빛입니다. 정화인 사람에게는 남을 위로하고, 감정을 이해하고, 관계를 따뜻하게 만드는 힘이 있습니다. 이 불빛은 크지 않지만 꺼지지 않습니다. 정화일주는 바로 그 '작은 불 하나로 세상을 바꾸는 사람'입니다. 삶의 방식은 다정하고 섬세하며, 그 안에는 깊은 신념과 온기가 숨어 있습니다.

정축일주(丁丑日柱)

丁　정화: 촛불, 따뜻한 불빛
丑　축토: 금의 창고, 겨울의 얼음 땅

정축은 차가운 겨울밤에 홀로 타오르는 작은 촛불입니다. 찬바람이 불어도 꺼지지 않고, 조용히 세상을 비추죠.

이 일주는 내면이 단단하고 책임감이 강하며, 묵묵히 맡은 일을 완수합니다. 겉으로는 부드럽지만, 속은 누구보다 강한 의지를 품고 있습니다. 그러나 축토의 냉기가 정화의 불빛을 약하게 만들 수 있어, 감정이 쉽게 위축될 때도 있습니다. 이럴 때일수록 '나의 따뜻함이 누군가의 빛이 된다'는 믿음으로 자신을 지켜야 합니다. 꾸준함 속에서 신뢰를 쌓는 사주니까요.

정축일주는 '어두운 밤 묵묵히 주변을 밝히는 작지만 강한 불씨'입니다.

정묘일주(丁卯日柱)

정화: 촛불, 따뜻한 불빛
묘목: 봄의 나무, 부드러운 생명

정묘는 봄의 새싹 사이로 살짝 비치는 따뜻한 불빛입니다. 자연스럽게 주변을 밝히고, 사람들에게 안도감을 주는 기운이지요.

이 일주는 감수성이 풍부하고, 사람의 마음을 세심하게 읽는 능력이 있습니다. 사람들과 조화를 이루며, 예술적 감각과 미적 센스가 뛰어납니다. 묘목의 부드러운 기운이 정화의 따뜻함을 도와주기 때문에, 대인 관계에서 사랑받는 이들이 많습니다. 다만 감정에 너무 휩쓸리면 자신의 중심을 잃을 수 있으니, 때로는 한 걸음 물러나 스스로를 돌보는 여유가 필요합니다.

정묘일주는 '다른 이에게 따뜻함을 나눠 주는 사랑스러운 불꽃'입니다.

정사일주(丁巳日柱)

정화: 촛불, 따뜻한 불빛
사화: 아침의 태양, 밝은 불길

정사는 한낮의 태양빛 속에서도 꺼지지 않는 '내면의 불'입니다. 겉으론 부드럽지만, 속은 강렬한 열정으로 타오르는 사람이지요.

이 일주는 표현력이 풍부하고 재능이 많으며, 예술이나 교육, 미디어 등 사람과 소통하는 일에 강합니다. 사화의 밝은 기운이 정화를 도와 자신을 드러내기에 유리하거든요. 하지만 불의 기운이 겹치면 감정이 과열되거나 피로감이 쌓이기 쉬우므로, 때로는 신경을 써서 속도를 늦춰야 합니다.

정사일주는 '빛을 내는 법을 아는 사람'입니다. 그 빛이 따뜻할수록 주변은 더욱 안전해집니다.

정미일주(丁未日柱)

정화: 촛불, 따뜻한 불빛
미토: 화의 결실을 품은 흙, 경험의 토양

정미는 부드러운 흙 위에서 은은히 타오르는 모닥불과 같습니다. 세상을 따뜻하게 비추지만, 절제와 균형을 알고 있는 기운이죠.

이 일주는 감정과 현실을 조화시킬 줄 알며, 인간관계에서 신뢰를 잘 얻습니다. 섬세하면서도 현명하고, 상대의 마음을 이해하며 이끄는 능력도 뛰어나고요. 미토의 포용력 덕분에 사회 속에서 안정된 자리나 재물운이 들어오는 경우가 많습니다. 단, 지나친 배려로 자신의 열정이 약해질 수 있으니, 가끔은 '내 불빛'도 챙겨야 합니다.

정미일주는 '타인을 위해 자신을 태우는 따뜻한 촛불'입니다.

정유일주(丁酉日柱)

정화: 촛불, 따뜻한 불빛
유금: 단단한 쇠, 가을의 금속

정유는 단단한 금속 위에 비친 촛불의 반짝임입니다. 냉정한 세상 속에서도 품격과 따뜻함을 잃지 않죠.

이 일주는 지적이고 세련된 감각을 지녔으며, 감정 표현은 절제되어 있지만 속마음은 따뜻합니다. 분석력과 판단력이 좋아 비즈니스, 디자인, 연구 등 이성적인 분야에서 뛰어난 성과를 냅니다. 다만 유금의 냉기가 정화의 감성을 식힐 수 있으니, 가끔은 감정을 나누며 따뜻한 인간관계를 유지하는 것이 좋습니다.

정유일주는 '차가운 세상에 따뜻함을 더하는 불빛'입니다.

정해일주(丁亥日柱)

정화: 촛불, 따뜻한 불빛
해수: 깊은 바다, 무한한 감정의 물

정해는 바다 위에서 흔들리는 등불입니다. 깊은 감정과 풍부한 상상력을 지녔으며, 감성적인 예술가의 기운이 강합니다.

이 일주는 타인의 마음을 잘 헤아리고, 감정을 표현하는 데 탁월한 재능이 있습니다. 글, 음악, 영상, 상담, 예술 등 '감성의 언어'를 다루는 분야에서 빛을 발하지요. 하지만 감정이 너무 깊어지면 스스로 불안정해질 수 있으므로, '현실의 닻'을 꼭 내려야 합니다.

정해일주는 '세상의 어두운 곳을 비추는 불빛'이지만, 스스로의 심지도 지켜야 오래갑니다.

무인일주부터 무자일주까지

무토는 세상을 받치는 중심의 에너지입니다. 모든 생명이 그 위에서 자라고, 모든 불빛이 그 위에 비춰집니다. 그래서 무토일주는 흔들리지 않는 신뢰, 묵직한 책임감, 그리고 '나보다 타인을 먼저 생각하는 따뜻함'이 삶의 키워드가 됩니다. 하지만 너무 단단하면 스스로 말라버릴 수 있습니다. 때로는 빗물처럼 들어오는 감정을 받아들이며, 자신을 적셔주는 순간이 필요합니다. 그럴 때 무토는 진정한 의미의 '산'이 됩니다.

무인일주(戊寅日柱)

戊 무토: 산, 단단한 대지
寅 인목: 봄의 나무, 생명의 시작

무인은 봄의 새싹을 품은 따뜻한 산입니다. 토와 목이 만나면 생명을 키워내는 힘이 생기지요.

이 일주는 책임감이 크고, 누군가를 돌보거나 지도하는 위치에 잘 어울립니다. 끈기 있고 진중하며, 말보다 행동으로 신뢰를 얻지요. 인목의 활기가 무토를 움직이게 하므로, 늘 발전을 추구하고 성취욕이 강합니다. 다만 완벽함을 추구하다 스스로를 지나치게 몰아붙이지 않도록 조심해야 합니다.

무인일주는 '다른 사람을 자라게 하는 따뜻한 산'입니다.

무진일주(戊辰日柱)

무토: 산, 단단한 대지
진토: 물기를 품은 흙, 아이디어의 창고

무진은 흙 위에 흙이 더해진 산의 형상입니다. 진토 안에는 수기와 목기가 함께 있어, 무토의 단단함에 생명력과 지혜가 더해집니다.

이 일주는 실질적이고 현실적인 감각이 뛰어나며, 계획을 세우고 그것을 현실로 만드는 능력이 탁월합니다. 사업 감각도 좋은 이 성향은 부동산, 기획, 관리 분야에 강합니다. 겉보기엔 느릿하지만 내면의 계산과 판단은 정확한 사주죠. 단, 지나치게 현실에만 집중하면 마음의 여유를 잃을 수 있으니, 때로는 창의적 활동으로 스스로를 환기시켜야 합니다.

무진일주는 '현실을 완성시키는 산'입니다.

무오일주(戊午日柱)

무토: 산, 단단한 대지
오화: 태양, 밝은 불

무오는 뜨거운 태양 아래의 붉은 산입니다. 태양이 대지를 비추어 생명을 길러내는 형상으로, 강한 리더십과 에너지를 가졌지요.

이 일주는 밝고 당당하며, 남을 이끌고 앞장서는 기질이 있습니다. 타고난 추진력과 책임감으로 큰일을 맡아도 끝까지 완수하는 경우가 많죠. 하지만 불의 기운이 지나치면 자기주장과 고집이 세질 수 있으니, 상대의 말을 듣는 유연함 또한 필요합니다.

무오일주는 '자신의 빛으로 세상을 비추는 산'입니다.

무신일주(戊申日柱)

무토: 산, 단단한 대지
신금: 단단한 쇠, 가을의 결실

무신은 금속을 품은 산입니다. 단단하고 날카로운 바위를 가진 형상으로, 목표 지향적이고 판단이 명확합니다.

이 일주는 현실 감각이 뛰어나고, 직업적 성취나 사회적 위치를 중시합니다. 냉철하면서도 조직 내에서 신뢰받는 스타일로, 분석력과 결정력 모두 뛰어나지요. 다만 너무 완벽을 추구하다 보면 감정 표현이 메말라질 수 있으니, 인간적인 따뜻함을 잃지 않으려는 노력이 필요합니다.

무신일주는 '의지와 판단으로 세상을 다스리는 산'입니다.

무술일주(戊戌日柱)

| 戊 | 무토: 산, 단단한 대지 |
| 戌 | 술토: 화의 창고, 열기를 머금은 흙 |

무술은 단단한 산이지만, 그 안에 뜨거운 불의 에너지를 품고 있습니다. 겉으로는 온화해 보여도 속에는 강한 의지와 열정이 숨어 있지요.

이 일주는 신념이 뚜렷하고, 한번 결정하면 끝까지 밀고 나가는 성향이 있습니다. 리더십과 통솔력이 뛰어나며, 자신의 가치관을 중심에 두고 세상을 바라보는 경향이 강합니다. 하지만 지나친 원칙주의는 유연함을 잃게 할 수 있습니다. 때로는 '산도 구름을 맞이해야 푸르다'는 마음으로 부드러움을 배우면 좋습니다.

무술일주는 '불을 품은 산, 결단의 상징'입니다.

무자일주(戊子日柱)

| 戊 | 무토: 산, 단단한 대지 |
| 子 | 자수: 겨울의 얼음물, 차가운 물기운 |

무자는 겨울의 얼음물 위에 자리한 산입니다. 찬 기운이 흙을 얼게 하니, 처음엔 따뜻함을 잃고 외로움을 느끼기 쉽습니다.

하지만 이 일주는 마음속 깊은 곳에 책임감과 인내심이 자리 잡고 있습니다. 어려운 환경에서도 쉽게 무너지지 않고, 묵묵히 제 길을 갑니다. 감정 표현은 서툴지만 속은 누구보다 따뜻한 사람이 무자입니다. 자수의 냉기가 강해 답답함을 느낄 수 있으니, 자신을 따뜻하게 만들어주는 사람을 곁에 두거나 그러한 성향의 취미를 시작하면 좋습니다.

무자일주는 '겨울의 대지처럼 조용하지만, 봄을 준비하는 사람'입니다.

기토는 누군가를 키워주는 흙, 삶을 지탱하는 온기입니다. 무토가 '세상의 기둥'
이라면, 기토는 '사람을 살리는 흙'입니다. 겉으로는 조용하지만 속에는 강한 생
명력과 지혜가 흐르죠. 기토일주의 사람들은 세상을 바꾸려 하기보다는, 주변을
따뜻하게 만들어 세상을 변화시킵니다. 그 부드러움 속의 단단함이 바로 기토가
가진 가장 큰 힘입니다.

기축일주(己丑日柱)

己
丑

기토: 논밭, 따뜻한 흙
축토: 금의 창고, 겨울의 얼음 땅

기축은 겨울의 차가운 논밭입니다. 겉으로만 보면 얼어붙어 있지만, 그 속엔 새
생명을 품고 있습니다.

이 일주는 성실하고 현실적이며, 책임감이 매우 강합니다. 단단한 의지로 가족
과 일터를 지켜내며, 한번 맡은 일은 끝까지 완수해 내지요. 감정 표현은 서툴지
만 속은 따뜻하고 정이 많고요. 축토의 냉기가 기토의 따뜻함을 눌러 답답함을
줄 수 있으니, 때로는 여행을 가거나 자연 속에서 마음을 풀어주는 것이 좋습니다.
기축일주는 '겨울을 견디며 봄을 준비하는 흙'입니다.

기묘일주(己卯日柱)

己
卯

기토: 논밭, 따뜻한 흙
묘목: 봄의 나무, 부드러운 생명

기묘는 봄의 들판에서 새싹을 키우는 흙입니다. 기묘의 기운은 부드럽고 온화하
며, 사람들과의 관계 속에서 행복을 느끼지요.

이 일주는 사려 깊고 감수성이 풍부하며, 협력과 조화를 중요하게 여깁니다. 묘
목의 활기가 기토를 자극해 새로운 일에 도전하는 용기가 생기기도 하고요. 현
실적이면서도 감성적인 균형이 잘 잡혀 있어, 예술이나 교육, 심리 관련 일에 잘
어울립니다. 단, 타인의 감정에 지나치게 영향을 받지 않도록 자신만의 공간을

잘 지킬 필요가 있습니다.

기묘일주는 '부드럽게 생명을 키워내는 흙'입니다.

기사일주(己巳日柱)

己 기토: 논밭, 따뜻한 흙
巳 사화: 태양, 따뜻한 불

기사는 햇살 아래 비옥해진 들판입니다. 따뜻한 태양의 도움을 받아 풍요를 만들어내는 기운이지요.

이 일주는 머리가 똑똑하고 현실 감각이 좋으며, 추진력 또한 있습니다. 사화의 열기가 기토의 성장을 돕기 때문에, 자신이 원하는 일을 끝까지 해내는 힘이 강합니다. 다른 사람의 생각을 빠르게 읽고 대응하는 재치가 있으며, 일의 결과를 중시하지요. 다만 불의 기운이 지나치면 조급해질 수 있습니다. 때로는 속도를 늦추고, '시간이 흙을 더 비옥하게 만든다'는 마음으로 여유를 가지면 좋겠습니다.

기사일주는 '햇살 아래에서 풍요를 만드는 흙'입니다.

기미일주(己未日柱)

己 기토: 논밭, 따뜻한 흙
未 미토: 화의 결실을 품은 흙, 경험의 토양

기미는 같은 흙끼리 만난 '완성된 대지'입니다. 온화하고 포용력이 있어, 사람을 품는 능력이 탁월합니다.

이 일주는 주변에서 자연스럽게 신뢰를 얻고, 사람들이 의지하는 경우가 많습니다. 현실적이지만 감정에도 섬세하여, 일과 사람 사이에서 균형을 잘 맞춥니다. 재물운과 배우자운이 함께 들어오는 경우가 많으며, 부드러우면서도 단단한 안정감을 줍니다. 단, 타인을 너무 챙기다 보면 자신을 잊을 수 있으니, 가끔은 '나를 돌보는 시간'을 가지면 좋습니다.

기미일주는 '모든 생명을 품어주는 따뜻한 대지'입니다.

기유일주(己酉日柱)

| 己 | 기토: 논밭, 따뜻한 흙 |
| 酉 | 유금: 단단한 쇠, 가을의 금속 |

기유는 금속 위에 얇게 깔린 흙입니다. 겉으론 단단하고 이성적이지만, 속은 따뜻하고 정이 깊습니다.

이 일주는 논리적이며, 체계적으로 사고하는 경향이 강합니다. 감정에 휘둘리기보다 현실적 판단으로 일을 처리하죠. 정리정돈을 잘하는 것도 특징입니다. 유금의 냉정함 덕분에 감정에 휘둘리지 않지만, 지나치면 고독함을 느낄 수 있습니다. 따뜻한 인간관계와 감성적 표현이 이 일주를 더욱 빛나게 하지요.

기유일주는 '질서와 따뜻함이 공존하는 흙'입니다.

기해일주(己亥日柱)

| 己 | 기토: 논밭, 따뜻한 흙 |
| 亥 | 해수: 깊은 바다, 무한한 감정의 물 |

기해는 바다 옆에 자리한 흙입니다. 감정의 파도를 가까이서 느끼지만, 그 속에서도 중심을 잡는 흙이지요.

이 일주는 직관과 감성이 풍부하며, 사람의 마음을 잘 읽습니다. 예술, 상담, 치유, 교육 등 사람과 감정을 다루는 일에 탁월해요. 해수의 깊은 감정이 기토를 흔들 수 있으므로, 생각과 감정을 분리하는 훈련을 하면 좋습니다. 감정에 지나치게 푹 빠지지 않고 오히려 그 감정의 주인이 되어 도구로 활용할 때, 이 일주는 놀라운 통찰력을 발휘합니다.

기해일주는 '감정의 바다를 품은 현명한 흙'입니다.

경자일주부터 경술일주까지

경금은 '세상을 베는 칼'이 아니라, '세상을 단단히 지탱하는 철'입니다. 스스로를 단련할수록 가치가 올라가며, 고난을 통해 빛이 납니다. 그래서 경금일주는 처음에는 차가워 보이지만, 시간이 지날수록 깊은 신뢰와 안정감을 주는 사람으로 완성됩니다.

경자일주(庚子日柱)

| 庚 | 경금: 단단한 쇠, 원석 |
| 子 | 자수: 깊은 겨울의 얼음물 |

경자는 얼어붙은 겨울 물속에 잠긴 쇠붙이입니다. 차갑고 고요한 세상 속에서도 자신만의 힘을 단단히 간직하고 있으며, 강함과 유연함을 동시에 갖추고 있죠.

이 일주는 겉으론 냉정해 보이지만, 속은 치열하고 진심이 깊습니다. 자수의 차가운 기운이 경금의 결단력을 시험하기 때문에, 젊은 시절에는 외로움이나 고독을 느끼기 쉽습니다. 하지만 그 시기를 잘 견디면, 누구보다 강한 정신력과 현실 대응력을 갖게 됩니다. 시간이 지나면서 점점 '단단한 리더'로 완성되는 기운이지요. 감정 표현이 서툴 수 있으니 따뜻한 말을 먼저 건네보세요. 또 혼자만 깊이 생각하지 말고 주변 사람들과 의견을 나누면 도움이 됩니다.

경자일주는 '겨울을 버티며 스스로를 연마하는 금'입니다.

경인일주(庚寅日柱)

| 庚 | 경금: 단단한 쇠, 원석 |
| 寅 | 인목: 봄의 나무, 생명의 시작 |

경인은 봄의 숲속에 놓인 쇠붙이입니다. 자연의 생명력 속에서 단단한 자신의 자리를 지키는 형상이지요.

이 일주는 실질적인 추진력과 강한 의지를 지녔습니다. 일을 계획하고 끝까지 실행하는 힘이 강력하며, 한번 결심하면 물러서지 않습니다. 인목의 따뜻함이 경금의 날카로움을 부드럽게 만들어, 사람들과의 관계에서도 리더십이 자연스럽게 드러납니다. 단, 자존심이 지나치게 강하므로, 상대를 조금 더 이해하고 포용하려는 마음이 필요합니다.

경인일주는 '단단하지만 따뜻한 금'입니다.

경진일주(庚辰日柱)

| 庚 | 경금: 단단한 쇠, 원석 |
| 辰 | 진토: 물기를 품은 흙, 아이디어의 창고 |

경진은 흙 속에서 단련되는 금입니다.

진토가 금을 품고 있어, 이 일주는 실속 있고 현실적인 감각이 강합니다. 노력형 인물로, 목표를 정하면 끈질기게 끝까지 해내는 힘이 있습니다. 표면상 과묵해 보이지만, 내면에는 창의적인 사고와 아이디어가 숨어 있고요. 현실 속 문제를 해결하는 데 능하고, 사람들에게 신뢰받는 타입입니다. 다만 완벽주의적 성향이 강해 스스로를 너무 몰아붙일 수 있으니, 가끔은 자신에게도 따뜻한 평가를 해 주면 좋습니다.

경진일주는 '흙 속에서 스스로를 갈아 빛나는 금'입니다.

경오일주(庚午日柱)

庚
午

庚 경금: 단단한 쇠, 원석
午 오화: 태양, 밝은 불

경오는 뜨거운 태양빛 아래에서 단련되는 금입니다. 불에 달궈진 쇠처럼, 세상을 향해 강렬한 의지로 나아가는 기운이지요.

이 일주는 강단 있고 솔직하며, 목표를 향해 돌진하는 추진력이 뛰어납니다. 리더십을 자연스럽게 발휘하고, 대담한 결정으로 주위를 이끄는 경우가 많습니다. 하지만 불의 기운이 지나치면 쉽게 흥분하거나 감정적으로 변할 수 있습니다. 조금의 인내와 유연함을 더하면, 이 일주는 불가능을 가능으로 만드는 '강철 같은 리더'가 됩니다.

경오일주는 '열정 속에서 단련된 불의 금'입니다.

경신일주(庚申日柱)

庚 경금: 단단한 쇠, 원석
申 신금: 다듬어진 쇠, 정제된 금속

경신은 쇠와 쇠가 만난 형상입니다. 날카로움과 단단함이 동시에 극대화되어, 지적이고 이성적인 성향이 강합니다.

이 일주는 논리적이고 분석력이 뛰어나며, 집중력이 탁월합니다. 업무나 공부에서 뛰어난 성과를 내며, 리더보다는 '전문가'로서 인정받는 경우가 많습니다. 신금의 정제된 성질 덕분에 자신을 꾸준히 단련시키며, 완벽을 추구합니다. 단, 너무 이성적으로만 접근하면 감정이 메말라 주변과의 관계가 소원해질 수 있습니다. '따뜻한 말 한마디'가 이 일주의 진가를 더욱 빛나게 만듭니다.

경신일주는 '스스로를 끊임없이 연마하는 금'입니다.

경술일주(庚戌日柱)

| 庚 | 경금: 단단한 쇠, 원석 |
| 戌 | 술토: 화의 창고, 불의 기운을 머금은 흙 |

경술은 불의 열기를 머금은 단단한 금입니다. 열정과 냉정이 공존하는 강력한 기운을 가졌습니다.

이 일주는 의지가 강하고, 정의감이 깊으며, 스스로의 원칙을 철저히 지킵니다. 다른 이들이 믿고 따를 만큼 신뢰를 주는 성품이지만, 때로는 너무 딱딱하고 단호한 사람처럼 보일 수 있습니다. 술토의 불기운 덕분에 추진력과 통솔력이 강하지만, 그 열기가 과하면 주변과 충돌하게 될 수도 있습니다. '강함 속의 부드러움'을 배울 때, 이 일주는 진정한 리더로 완성됩니다.

경술일주는 '열정을 품은 단단한 금'입니다.

신축일주부터 신해일주까지

신금은 세상을 부드럽게 비추는 은빛 금속입니다. 경금이 강함으로 세상을 변화시킨다면, 신금은 세심함과 정교함으로 세상을 다듬습니다. 조용히 빛나지만, 그 빛은 오래가지요. 스스로를 단련하며 결국 자신만의 아름다움을 완성해 내는 사람, 그것이 바로 신금일주입니다.

신축일주(辛丑日柱)

| 辛 | 신금: 보석, 은빛 금속 |
| 丑 | 축토: 금의 창고, 겨울의 얼음 땅 |

신축은 얼어붙은 땅속에 묻힌 보석입니다. 아직 빛을 발하지 못하지만, 속에는 단단한 아름다움이 잠들어 있습니다.

이 일주는 인내심이 깊고, 조용히 자신의 길을 준비합니다. 신중하고 책임감이 강하며, 한번 믿으면 끝까지 가는 신뢰형이기도 하고요. 축토의 냉기가 신금의 빛을 가리기 때문에 젊은 시절에는 고독함이나 답답함을 느끼기 쉽지만, 시간이 지나면서 점점 그 빛을 드러냅니다. 말보다는 행동으로 신뢰를 쌓는 타입으로, 시간이 지날수록 주변에서 인정받습니다. 때로는 너무 까다로울 수 있으니 80%의 완성도도 충분하다고 스스로를 다독여 보세요. 일단 시작해 보면 잘 풀릴 겁니다.

신축일주는 '시간이 다듬어주는 보석'입니다.

신묘일주(辛卯日柱)

 신금: 보석, 은빛 금속
묘목: 봄의 나무, 생명의 기운

신묘는 봄의 숲속에서 빛나는 보석입니다. 차가운 금이 따뜻한 생명력 속에 놓여, 세상과 조화를 이루는 형상이지요.

이 일주는 부드럽지만 원칙이 있고, 감성적이면서도 동시에 이성적입니다. 묘목의 활기가 신금의 섬세함을 살려주어 예술적 감각이나 미적 센스가 매우 뛰어나고요. 사람의 마음을 세심하게 읽고 조용히 도와주는 스타일입니다. 다만 완벽을 추구하다가 스스로를 지치게 할 수 있으니, 가끔은 '지금의 나도 충분하다'는 마음으로 자신을 인정할 필요가 있습니다.

신묘일주는 '따뜻함 속에서 빛나는 보석'입니다.

신사일주(辛巳日柱)

 신금: 보석, 은빛 금속
사화: 태양, 밝은 불

신사는 태양빛 아래에서 찬란히 반짝이는 보석입니다. 자신의 매력과 재능을 적극적으로 표현하는 기운으로, 세상에 나를 드러낼 때 가장 빛이 나지요.

이 일주는 총명하고 직감이 예리하며, 말솜씨와 표현력이 뛰어납니다. 불이 금을 단련하듯, 경험을 통해 성장하고 자신을 완성시킵니다. 리더십이 있으며, 사람들을 설득하는 능력도 강합니다. 다만 감정 기복이 생기면 쉽게 피로감을 느낄 수 있으니, 컨디션을 살펴 스스로에게 휴식을 선물하는 것이 좋습니다.

신사일주는 '빛과 열로 단련되어 세상에 드러나는 금'입니다.

신미일주(辛未日柱)

辛	신금: 보석, 은빛 금속
未	미토: 화의 결실을 품은 흙, 경험의 토양

신미는 부드러운 흙 속에 잠긴 보석입니다. 겉으로는 조용하지만, 내면에는 강한 자존심과 미묘한 감정의 결이 숨어 있습니다.

이 일주는 감성이 섬세하고, 타인의 마음을 깊이 이해합니다. 현실적인 부분과 감정적인 부분의 균형이 좋아서 상담, 예술, 기획 등 사람 다루는 일에 강합니다. 미토의 포용력이 신금을 안정시키기 때문에, 주변과 조화를 잘 이루고요. 다만 너무 많은 책임을 짊어지면 마음이 무거워지기 쉬우니, 스스로에게 가끔 휴식을 줄 필요가 있습니다.

신미일주는 '따뜻한 흙 속에서 고요히 빛나는 금'입니다.

신유일주(辛酉日柱)

辛	신금: 보석, 은빛 금속
酉	유금: 금의 고향, 정제된 쇠

신유는 완벽하게 다듬어진 금입니다. 마치 보석 중의 보석처럼 탁월하게 빛나며, 이성적이고 정확한 판단력이 뛰어납니다.

이 일주는 완벽주의적 성향이 강하며, 스스로에게도 높은 기준을 둡니다. 냉정해 보이지만 속은 예민하고 따뜻하며, 세심한 배려를 잊지 않습니다. 일 처리가 정확하고 책임감이 강해 사회적으로 신뢰받는 인물로 성장할 수 있습니다. 다만 감정을 표현하지 않으면 오해를 살 수 있으므로, 가끔은 진심을 말로 전하는 것이 좋습니다.

신유일주는 '스스로 완성된 정제된 금'입니다.

신해일주(辛亥日柱)

辛 신금: 보석, 은빛 금속
亥 해수: 깊은 바다, 감정의 물

신해는 바닷속에 숨겨진 진주입니다. 겉으로는 차분하고 신비롭지만, 속에는 깊은 감정과 예리한 통찰이 있습니다.

이 일주는 감성이 풍부하고, 영감이 뛰어나며, 직관적 판단력이 탁월합니다. 사람의 마음을 잘 이해하고, 예술이나 철학, 상담, 글쓰기 등 내면의 세계를 다루는 일에 잘 맞습니다. 해수의 감정이 신금의 단단한 중심을 흔들 수 있으니, 현실에 뿌리를 내리는 노력이 필요합니다. 감정과 현실의 균형을 잡을 때, 이 일주는 가장 빛납니다.

신해일주는 '깊은 바다 속에서 완성되는 진주'입니다.

임인일주부터 임자일주까지

임수는 세상을 적시는 물이자, 인생을 이어주는 생명력입니다. 넓고 깊으며, 어떤 환경에서도 길을 찾아 흘러갑니다. 그래서 임수일주는 '변화 속에서도 중심을 잃지 않는 사람'입니다. 이 사주의 인생은 늘 흐르고, 그 흐름 속에서 스스로의 길을 만들어갑니다. 임수는, '멈추지 않음으로써 완성되는 지혜의 물'입니다.

임자일주(壬子日柱)

壬 임수: 큰 바다, 깊은 물
子 자수: 겨울의 얼음물, 차가운 물기운

임자는 깊은 겨울 바다입니다. 겉은 얼어붙은 듯하지만, 그 속에는 끊임없이 생명이 숨 쉬고 있습니다.

이 일주는 머리가 영리하고 직관이 발달했으며, 감정의 폭이 매우 넓습니다. 한

번 마음을 정하면 끝까지 밀고 가는 집중력도 강하지요. 자수의 냉기가 임수를 더 깊고 차갑게 만들어, 겉으로는 감정을 잘 드러내지 않습니다. 하지만 마음속에는 누구보다 따뜻한 온기가 흐르지요. 감정의 흐름이 변덕처럼 보일 때도 있으니 감정 표현에 주의를 기울이면 좋습니다.

임자일주는 '겨울의 고요 속에서 세상을 품은 바다'입니다.

임인일주(壬寅日柱)

임수: 큰 바다, 깊은 물
인목: 봄의 숲, 생명의 시작

임인은 숲을 적시는 봄비입니다. 마른 대지를 적시며 생명을 깨우는, 생동감 넘치는 물이지요.

이 일주는 유연하고 순발력이 있으며, 새로운 상황에 빠르게 적응합니다. 지식과 정보에 밝고, 사람을 살피는 통찰력도 뛰어나지요. 인목의 따뜻한 기운이 임수의 차가움을 덜어주기 때문에, 인간미와 추진력을 동시에 갖춘 리더형입니다. 다만 감정의 깊이가 너무 깊어서 고민이 많을 수 있습니다. 이 사주는 '생각보다 행동'으로 균형을 잡을 때 인생이 훨씬 순탄해집니다.

임인일주는 '새로운 생명을 살리는 봄비'입니다.

임진일주(壬辰日柱)

임수: 큰 바다, 깊은 물
진토: 물기를 품은 흙, 아이디어의 창고

임진은 흙 속에서 길을 내며 흐르는 강물입니다. 겉은 평온해 보여도 속은 끊임없이 움직이며, 세상과 소통하려고 합니다.

이 일주는 지혜롭고 창의적인 사고를 가지고 있으며, 문제 해결 능력이 뛰어납니다. 말보다 생각이 앞서고, 눈에 보이지 않는 흐름을 읽는 감각이 있습니다. 진토의 흙이 임수의 물길을 막기도 하지만, 동시에 방향을 잡아주는 역할을 합니다. 그래서 이 일주는 '자유 속의 질서'를 배울 때 큰 성장을 이룹니다.

임진일주는 '세상을 따라 흐르되, 스스로 길을 만드는 강물'입니다.

임오일주(壬午日柱)

임수: 큰 바다, 깊은 물
오화: 태양, 밝은 불

임오는 태양 아래 반짝이는 푸른 바다입니다. 빛과 물이 만나 세상을 눈부시게 비추는 형상이지요.

이 일주는 매력과 표현력이 풍부하고, 대인 관계에서 에너지가 넘칩니다. 리더십이 강하며, 사회적으로 영향력을 끼치는 인물로 성장할 가능성이 높습니다. 다만 불의 열기가 물을 증발시킬 수 있으니, 감정의 균형을 잃지 않는 것이 중요합니다. 지나친 열정을 들쑥날쑥하게 휘두르기보다는, 꾸준한 흐름을 유지할 때 인생이 훨씬 안정됩니다.

임오일주는 '태양 빛 아래 반짝이는 바다'입니다.

임신일주(壬申日柱)

임수: 큰 바다, 깊은 물
신금: 단단한 쇠, 정제된 금속

임신은 바위산 사이를 뚫고 흐르는 강물입니다. 제한된 공간에서도 길을 찾아 흘러가며, 어떤 장애물도 이겨내는 힘이 있습니다.

이 일주는 현실적 판단력과 추진력이 탁월하며, 위기 상황에 강합니다. 겉보기엔 차분하지만 속으로는 누구보다 뜨겁고 열정적입니다. 신금의 단단한 성질이 임수의 방향을 잡아주기 때문에, 안정된 성공을 이루는 경우가 많습니다. 다만 고집이 강해 자기 방식만 고수하면 흐름이 막힐 수 있습니다. '흘러야 물이 맑다'는 마음으로 유연함을 유지하면, 어떤 환경에서도 빛이 날 겁니다.

임신일주는 '장애물을 뚫고 길을 내는 강물'입니다.

임술일주(壬戌日柱)

임수: 큰 바다, 깊은 물
술토: 화의 창고, 뜨거운 흙

임술은 불의 기운을 머금은 바다입니다. 뜨거움과 차가움이 공존하여 감정의 폭이 크고 열정이 강합니다.

이 일주는 한번 목표를 세우면 끝까지 가는 힘이 있습니다. 현실적이면서도 이상적이고, 사람들에게 영향력을 주는 카리스마도 있고요. 하지만 술토의 흙이 임수의 흐름을 막으면, 답답함이나 스트레스를 느낄 수 있습니다. 이럴 때는 생각을 쌓아두지 말고, 새로운 취미나 여행으로 기운을 순환시켜야 합니다.

임술일주는 '불의 열기를 품은 강한 바다'입니다.

계축일주부터 계해일주까지

계수는 이슬과 빗물처럼 섬세하고 깊이 있는 에너지를 가지고 있습니다. 조용히 스며드는 물처럼 상황을 세심하게 관찰하고, 다른 사람의 마음을 잘 읽어냅니다. 작은 변화도 놓치지 않는 관찰력이 뛰어나며, 깊이 있게 파고들어 본질을 파악하는 능력이 탁월합니다. 계수의 가장 큰 강점은 꾸준함과 신중함입니다. 한번에 큰 변화를 만들어내지는 못해도, 조금씩 꾸준히 발전을 이루어나가는 지속성이 있어요. 충분히 고민하고 분석한 후에 결정을 내리기 때문에 실수가 적고, 한번 시작한 일은 끝까지 완수하는 끈기가 있습니다.

계축일주(癸丑日柱)

癸 계수: 이슬, 가랑비, 부드러운 물
丑 축토: 금의 창고, 겨울의 얼음 땅

계축은 얼어붙은 겨울 땅 위에 내리는 이슬입니다. 찬 기운이 강한 환경에서도 자신만의 방식으로 스며들지요.

이 일주는 겉보기엔 조용하지만, 내면은 매우 강하고 현실적입니다. 생각이 깊고 신중하며, 말을 아끼지만 한마디 한마디가 힘이 있습니다. 축토의 냉기가 계수를 묶어 답답함을 줄 수 있으나, 인내심과 분석력은 탁월합니다. 시간이 지날수록 자신의 가치를 드러내며, 나중에 빛을 보는 타입입니다.

계축일주는 '차가운 흙 위에서도 빛나는 이슬'입니다.

계묘일주(癸卯日柱)

계수: 이슬, 가랑비, 부드러운 물
묘목: 봄의 나무, 생명의 기운

계묘는 봄의 새싹 위에 내려앉은 이슬입니다. 자그맣고 섬세하지만, 생명을 살리고 세상을 맑게 하는 힘이 있습니다.

이 일주는 감수성이 풍부하고, 타인의 마음을 읽는 능력이 뛰어납니다. 부드럽고 온화한 성격으로, 사람들에게 안정감을 주기도 하지요. 묘목의 따뜻한 기운이 계수의 감성을 북돋아줘 예술적 감각도 탁월합니다. 감정의 파도에 휩쓸리지 않도록 자기만의 중심을 세우는 훈련이 필요합니다.

계묘일주는 '새벽의 이슬처럼 사람을 살리는 물'입니다.

계사일주(癸巳日柱)

계수: 이슬, 가랑비, 부드러운 물
사화 : 태양, 밝은 불

계사는 햇빛에 반짝이는 물방울입니다. 빛을 받아 더욱 아름답게 빛나는 형상이지요.

이 일주는 머리가 좋고 직관이 뛰어나며, 표현력과 매력이 풍부합니다. 사람들의 마음을 사로잡는 재능이 있고, 예술과 교육, 기획 분야에서 빛을 발합니다. 사화의 열기가 계수를 증발시키지 않도록, 감정의 균형을 유지하는 것이 중요합니다. 때로는 '한 박자 쉬어 가기'를 통해 에너지를 회복해야 합니다.

계사일주는 '햇살 아래서 반짝이는 물빛'입니다.

계미일주(癸未日柱)

계수: 이슬, 가랑비, 부드러운 물
미토: 화의 결실을 품은 흙, 따뜻한 토양

계미는 따뜻한 흙 속에 스며드는 빗물입니다. 겉으로는 조용하지만, 속에서는 생명을 자라게 하는 힘이 있습니다.

이 일주는 섬세하면서도 현실 감각이 좋고, 사람을 편안하게 대하는 재능이 있습니다. 감정과 이성의 균형이 뛰어나, 중재자나 상담가로서 두각을 나타냅니다. 미토의 포용력이 계수의 감정을 안정시켜주기 때문에, 삶의 균형감도 좋은 편입니다. 다만 너무 많은 책임을 혼자 감당하려 하지 말고, 도움을 받아들이는 법을 배우면 좋습니다.

계미일주는 '조용히 생명을 살리는 흙 속의 물'입니다.

계유일주(癸酉日柱)

계수: 이슬, 가랑비, 부드러운 물
유금: 정제된 쇠, 가을의 금속

계유는 단단한 금속 위를 스쳐 지나가는 비입니다. 차가운 세상 속에서도 유연하게 흐르며, 자신의 색을 잃지 않습니다.

이 일주는 감정 표현은 절제되어 있지만, 속은 누구보다 따뜻하고 섬세합니다. 신뢰와 품격을 중요하게 여기며, 정직하고 깔끔한 성향입니다. 유금의 냉기가 계수를 식히면 감정이 닫힐 수 있으므로, 따뜻한 인간관계로 자신을 녹여야 합니다. 이 사주는 감정과 이성을 적절히 조화시킬 때 진짜 빛이 납니다.

계유일주는 '차가운 세상 속에서 품격 있게 흐르는 물'입니다.

계해일주(癸亥日柱)

계수: 이슬, 가랑비, 부드러운 물
해수: 깊은 바다, 무한한 감정의 물

계해는 바다 위의 이슬, 혹은 바다를 적시는 비입니다. 물과 물이 만난 형상으로, 감정의 깊이가 가장 풍부한 일주입니다.

이 일주는 감성이 매우 예민하고, 상상력과 창의력이 탁월합니다. 예술, 상담, 글쓰기 등 감정의 언어를 다루는 분야에서 빛을 발합니다. 다만 감정의 흐름이 너무 강하면 현실의 균형을 잃기 쉬우므로, 목표를 명확히 세우고 일상을 체계적으로 꾸려가는 연습이 필요합니다. 감정을 잘 다스릴 때, 누구보다 따뜻하고 지혜로운 인생을 살 수 있습니다.

계해일주는 '깊은 바다처럼 모든 것을 품고 본질을 꿰뚫어 보는 지혜의 눈'입니다.

일주로 보는
나의 성향 파악하기

+ + +

이렇게 60가지 일주의 고유한 특성을 확인해 봤습니다. 여러분의 일주를 확인해 보시면 기본적인 성격 경향을 파악할 수 있을 거예요. 물론 사주는 일주만으로 모든 것이 결정되는 것은 아닙니다. 년, 월, 시에 오는 다른 글자들과의 조화도 중요하죠. 하지만 일주는 여러분의 핵심적인 성격과 기질을 나타내는 가장 중요한 요소이기에, 기본 개념을 잡고 가는 것이 좋습니다.

나는 어떤 사주로 태어났을까?

자신의 사주를 알고 싶은데 어디서부터 시작해야 할지 막막하신가요? 요즘에는 간단하게 자신의 사주를 확인할 수 있습니다. 컴퓨터나 스마트폰만 있으면 누구나 5분 안에 사주를 확인할 수 있거든요. 예전처럼 두꺼운 만세력 책을 뒤지거나 역학관을 찾아다닐 필요가 없어요.

인터넷에서 만세력이라는 도구를 이용하면 되는데요. 만세력은 과거와 현재, 미래의 모든 날짜에 해당하는 사주 정보가 담긴 일종의 달력입니다. 조선 시대부터 사용해 온 전통적인 도구지만, 지금은 인터넷과 스마트폰 앱으로 누구나 간단하게 이용할 수 있어요.

여러분이 쉽게 자신의 사주를 확인할 수 있도록, 제가 직접 준비한 QR 코드를 수록했습니다. 스마트폰 카메라로 아래 QR 코드를 스캔하면 사주 만세력 확인 사이트로 바로 연결됩니다. 별도의 앱 설치 없이 누구나 무료로 이용할 수 있습니다. 성별과 생년월일시만 넣으면 몇 초 만에 사주를 확인할 수 있으니, 꼭 활용해 보세요.

만세력에서 확인할 포인트들

만세력에 자신의 모든 정보를 입력하면 네 개의 기둥이 나타납니다. 년, 월, 일, 시에 해당하는 네 기둥이죠. 각 기둥마다 위

아래로 두 개의 글자가 적혀 있을 텐데, 이게 바로 여러분의 사주입니다. 우리는 이미 앞에서 네 개의 기둥이 뭘 의미하는지 자세하게 배웠습니다.

처음에는 한자가 복잡해 보일 수 있어요. 하지만 걱정하지 마세요. 가장 중요한 건 두 번째 기둥의 위쪽 글자입니다. 갑, 을, 병, 정, 무, 기, 경, 신, 임, 계 가운데 하나가 나올 텐데, 이게 여러분의 기본 성격과 특성을 나타내는 핵심이에요. 이제 여기에 앞에서 배운 60갑자를 대입해 봅시다.

다시 한번 세종대왕님의 사주를 예시로 보시죠.

세종 대왕님의 사주 명식

	壬	乙	丁
	辰	巳	丑
시주	일주	월주	년주

세종 대왕님의 사주는 임수와 진토가 있는 임진일주입니다. 임수는 큰 바다, 넓은 강, 깊은 호수를 상징합니다. 물 중에서도 가장 크고 깊은 물이에요. 모든 것을 품고 흐르는 포용력이 있고, 끊임없이 움직이며 변화합니다. 겉으로는 잔잔해 보여도 속이 깊고, 표면만 봐서는 다 헤아릴 수 없는 깊이가 있어요.

임수는 지혜와 통찰력을 상징합니다. 물이 높은 곳에서 낮은 곳으로 흐르듯, 세상의 흐름을 읽고 자연스럽게 길을 찾아가는 능력이 있어요. 물은 어떤 그릇에 담기느냐에 따라 모양이 바뀌기 때문에 적응력과 유연성이 뛰어나다고 했지요? 하지만 너무 깊어서 때로는 생각이 많고 복잡해질 수 있고요. 방향을 잡지 못하면 흐트러지기 쉬운 면도 있습니다.

진토는 물기를 품은 흙, 봄의 습한 땅을 상징합니다. 사계절 중 봄에 해당하는 토이기 때문에 생명력이 강하고, 새로운 것을 키워내는 힘이 있어요. 또한 단순한 흙이 아니라 창고의 의미도 가지고 있습니다. 아이디어, 지식, 재능 같은 것들이 쌓여 있는 보물 창고 같은 거예요. 진토는 변화와 움직임을 좋아합니다. 새로운 것을 받아들이는 데 열려 있고, 고정되어 있기보다는 움직여 새로운 환경에 적응하려 합니다. 또 용의 기운을 가지고 있다고도 여겨지는데, 이건 상상력과 창의성, 그리고 큰 꿈을 꾸는 기질을 의미합니다. 하지만 너무 많은 걸 담으려다가 정리가 안 되고 산만해지기 쉽기도 하죠.

임진일주는 임수가 진토 위에 앉아 있는 형태입니다. 큰 물이 습한 땅 위를 흐르는 모습이에요. 이건 단순히 물과 흙이 만난 게 아니에요. 이 물과 흙은 서로 영향을 주고받으며 특별한 에너지를 만들어내거든요. 먼저 진토가 임수에게 방향을 잡아줍니다. 임수는 원래 사방으로 흐를 수 있는 물인데, 진토라는 땅이 있으니 물길이 생기는 거예요. 강물이 흙 사이를 뚫고 나가듯, 임진일주는 자유롭게 흐르되 방향성을 가지고 움직입니다. 그래서 이 일주는 생각만 많은 게 아니라 실제로 길을 만들어내는 힘이 있어요. 동시에 임수가 진토를 적셔줍니다. 마른땅에서는 아무것도 자랄 수 없지만, 물을 머금은 땅에서는 생명이 자라나죠. 임진일주는 진토의 창고에 담긴 아이디어와 재능을 임수의 지혜로 꺼내서 현실로 구현하는 능력이 있습니다. 그래서 창의적이고 혁신적인 일을 잘하는 거예요.

하지만 이 조합에는 긴장도 있습니다. 토는 물을 막기도 하거든요. 진토가 너무 강하면 임수의 흐름이 막혀서 답답함이 생길 수도 있고, 반대로 임수가 너무 강하면 진토를 무너뜨려 방향을 잃을 수도 있어요. 그래서 임진일주는 자유 속의 질서를 배워야 합니다. 자유롭게 흐르되 방향을 잃지 않고, 창의적이되 현실을 무시하지 않는 균형이 필요한 거죠.

임진일주는 결국 세상을 따라 흐르는 한편, 스스로 길을 만드는 강물입니다. 기존의 틀을 완전히 부정하지 않으면서도 새로운 길을 개척하고, 깊은 지혜로 세상의 흐름을 읽으며, 창의적인 아이디어를 현실로 만들어내는 일주예요. 세종 대왕님의 생애와 치적은 바로 이 임진일주의 완벽한 예시입니다.

내 안의 숨겨진 설계도

한자나 색깔 등이 복잡해 보이더라도, 일단 자신의 사주가 무엇인지만 알아두면 충분하니 걱정하지 마세요. 갑목인지, 병화인지, 무토인지, 나의 일간 정도만 파악해도 기본적인 성향을 이해할 수 있거든요. 이렇게 일간을 보시고, 그다음 일지를 보시면 내 성향을 알 수 있는 글자가 보입니다. 이처럼 먼저 일주를 보는 게 가장 기본입니다.

이제 나머지 세 기둥도 천천히 살펴봅시다. 년주는 조상이나 부모에게서 받은 기운, 월주는 형제자매나 직장에서의 모습, 시주는 자녀나 말년의 운세를 보여준다고 했지요?

중요한 건 사주가 절대적인 운명을 말하는 게 아니라는 점이에요. 여러 번 말씀드렸듯이, 여러분이 어떤 성향을 가지고 있고, 어떤 방향으로 나아가면 좋을지 힌트를 주는 나침반 같은 역할을 한다고 생각해야 합니다.

사주를 공부한다는 건 단순히 운세를 맞히기 위한 목적이 아닙니다. 내가 어떤 환경에서 빛을 발할 수 있는 사람인지, 무엇을 하면 마음이 편하고 일이 잘 풀리는지, 그런 '내 안의 숨겨진 설계도'를 이해하는 과정이에요. 사주는 남을 판단하기 위한 도구가 아니라 나를 더 깊이 이해하는 언어입니다.

지금은 용어나 원리 같은 게 조금 어렵게 느껴질 수 있습니다. 괜찮아요. 한 걸음씩 배우다 보면 어느 순간 여러분은 스스로의 흐름을 읽을 줄 알게 되고, '왜 그때 일이 그렇게 됐었는지', '지금은 어떤 선택을 해야 하는지' 자연스럽게 알게 될 겁니다.

사주를 제대로 본다는 건 결국 자신의 흐름을 믿는 법을 배우는 겁니다. 운이 좋지 않은 시기에도 '이건 내게 필요한 시간이구나' 하고 받아들이게 되고, 좋은 시기에는 '이 기회를 놓치지 말아야지' 결심을 세우게 되죠.

그렇게 사주는 인생의 불확실한 순간에 여러분을 지탱해 주는 지도가 되어줍니다. 그리고 어느 날 문득 깨닫게 될 겁니다. 사주를 공부한다는 건 결국 정해진 운명을 바꾸는 게 아니라 나 자신을 이해하는 과정이라는 것을요. 사주를 배우다 보면 남과 비교하지 않고 나의 속도에 맞춰 살아가게 되며, 지금의 나를 있는 그대로 받아들일 힘이 생깁니다.

사주의 원리를 조금씩 이해하다 보면 가족이나 연인, 동료의 사주를 통해 저마다 성향을 이해하게 됩니다. '이 사람은 원래 이런 리듬으로 살아가는구나' 하고 인정하게 되죠. 그 순간부터 관계가 편안해지고 삶이 훨씬 유연해집니다.

그러니 너무 어렵게 생각하지 말고, 지금 이 순간 여러분의 일간을 하나씩 알아보는 것부터 시작해 보세요. 그 안에 여러분의 인생이 향할 방향이며 관계의 비밀, 그리고 행복으로 향하는 길이 모두 담겨 있으니까요.

3장

운을 활용하는 사람이 이긴다

재물운을 제대로 활용하려면 평소에
좋은 사람들과 관계를 잘 만들어놓아야 합니다.
재물운도 중요하지만 그보다 더 중요한 것은
함께할 수 있는 좋은 사람들, 즉 귀인입니다.

사주에
돈을 버는 때는 정해져 있다

+ + +

20대 암흑기 때의 사주

저는 20대 내내 정말 치열하게 살았습니다. 돈을 벌기 위해 스무 가지가 넘는 일을 했으며, 인생이 안 풀리다 못해 지하 바닥까지 갔었죠. 저는 내 인생이 왜 이런지 알고 싶은 마음에 사주를 공부했지만, 당장 중요한 '돈'이 없었습니다. 통장 잔고는 늘 빈약했죠. 당시 저는 '노력하면 반드시 결과가 따라온다'고만 믿었습니다. 그래서 더 열심히 공부했고, 경제 활동을 하고 남는 시간을 사주에 몽땅 투자했습니다. 사주 이론서를 수십 권 읽고 온라인 강의를 듣기도 했으며, 사주 선생님을 한 분 한 분 찾아가 배우기도 했죠. 실력을 늘리기 위해 무료로 지인들의 사주를 봐주기도 했습니다.

'이렇게 노력하는데도 왜 돈이 모이지 않을까?'

당시 저는 이런 의문을 품으며 지냈습니다. 분명히 실력은 늘고 있는데, 수입은 그에 비례하지 않았습니다. 혼자만의 힘으로는 어딘가 벽에 부딪히는 느낌이었죠. 지금 돌이켜 보면 20대는 제 역량을 축적하는 시기였습니다. 하지만 당시에는 사주를 제대로 몰랐기에 그저 삶이 막막하고 답답하기만 했습니다.

30대 대운이 바뀌다

30대에 들어서면서 신기한 일이 일어나기 시작했습니다. 전과 같은 노력을 해도 결과가 완전히 달라졌던 겁니다. 가장 큰 변화는 좋은 사람들을 만나게 된 것이었습니다.

20대 때 여러 가지 일을 하며 부딪히고 깨졌지만, 깨지는 동시에 성장도 함께 했습니다. 그래서 주변 사람들에게 저의 지식을 나누며 도움을 주었죠. 그러다 보니 혼자서는 불가능했던 일들이 가능해졌습니다. 혼자서는 한 달 매출 5백만 원도 못 했을 일로 월 1억 원을 달성하기도 했죠. 서로의 강점을 살린 윈윈 구조였습니다.

가장 놀라운 변화는 제가 20대에 혼자만 알고 있던 지식들을 사람들과 나눴을 때 일어나기 시작했습니다. 처음에는 단순히 도움을 주고 싶은 마음이었는데 말이죠. 블로그에 저의 경험을 올리고, 지인들의 질문에 성심성의껏 답변해 줬습니다. 실례로 저의 사업 성과를 들어가며 강의에도 힘을 쏟았습니다.

예상치 못했던 긍정적인 반응들이 쏟아졌습니다. "이렇게 쉽게 설명해 주신 분은 처음이에요", "덕분에 사업 구조가 이해됐어요"라는 메시지들을 받으면 정말 뿌듯했죠.

그런데 더 놀라운 일이 일어났습니다. 제 글을 본 분들이 개인 코칭을 의뢰하기 시작한 것입니다. 강의 요청도 계속 들어왔고, 다른 사업가분와과 협력 제안도 받았습니다.

베풀면 돌아온다는 말을 실제로 체험하게 된 겁니다. 지식을 독점하지 않고 나눈 결과, 오히려 더 많은 기회가 찾아왔습니다. 사람들은 진심으로 도움을 주려는 사람을 알아보더군요.

대운이 바뀌면서 깨달은 재물운의 진짜 모습

나중에 제 사주를 다시 살펴보고 매우 흥미로운 사실을 발견했습니다. 30대에 들어서면서 대운이 바뀌었던 겁니다. 만세력을 보니 저에게 너무나 도움이 되는 대운이 들어온 시기였습니다.

사주에는 10년마다 바뀌는 대운이라는 것이 있다고 했지요? 제가 가지고 태어난 사주팔자는 변하지 않지만, 이 대운에 따라 인생의 흐름이 크게 달라집니다. 특히 재물운과 직결되는 재성이나 요즘 시대에 필요한 식상이 대운이나 세운에 올 때가 돈을 벌기 가장 좋은 시기입니다.

저는 여기서 중요한 사실을 깨달았습니다. 재성이나 식상이 들어온다고 해서 자동으로 돈이 벌리는 건 아니라는 것입니다. 똑같이 재물운이 들어온 시기라도 어떤 일을 하느냐, 주변에 어떤 사람이 있느냐에 따라 결과가 완전히 달라집니다.

20대에도 분명 노력했지만 저 혼자만의 힘으로는 한계가 있었습니다. 30대 들어 좋은 사람들과 함께하고, 제 지식을 나누면서 비로소 재물운을 제대로 활용할 수 있게 된 거였지요. 천 명이 넘는 분들을 상담하면서 이런 패턴을 더욱 확실하게 확인할 수 있었습니다.

현대 재물운 활용법, 핵심은 사람이다

과거와 달리 현대는 개인의 능력보다 협업과 네트워킹이 더 중요해진 시대입니다. 정보와 지식이 빠르게 공유되고, 혼자서는 할 수 없는 일들을 함께 해내는 것이 일상이 되었습니다. 재물운도 마찬가지입니다. 예전에는 개인의 기술이나 재능만으로도 충분히 성공할 수 있었지만, 지금은 그렇지 않습니다. 아무리 좋은 재물운이 와도 혼자의 힘만으로는 한계가 있습니다. 제가 경험을 통해 깨달은 현대적 재물운 활용법은 크게 두 가지입니다. 첫째, 좋은 사람들과의 관계를 구축해야 합니다. 서로 도움을 주고받을 수 있는 윈윈 관계 말이지요. 둘째, 자신의 지식이나 기술을 아낌없이 나누어야 합니다. 베푸는 마음이 더 큰 기회를 가져다줍니다.

만세력에서 여러분의 재성이 언제 오는지 확인해 보세요. 정재나 편재가 대운이나 세운에 들어오는 시기, 식신이나 상관이 대운이나 세운에 들어오는 시기가 바로 여러분의 재물운 시기입니다. 물론 주변 사람들의 운도 확인하는 등 종합적으로 봐야 하긴 하지만 일단 노력만 하면 다른 시기보다 더 많이, 더 쉽게 얻을 수 있는 시기라고 보면 됩니다.

하지만 그 시기가 와도 준비가 되어 있지 않으면 기회를 놓칠 수 있겠죠? 재물운을 제대로 활용하려면 평소에 좋은 사람들과 관계를 잘 만들어놓아야 합니다. 그리고 여러분이 가진 지식과 경험을 그 사람들과 나누는 습관을 기르세요. 그것이 현대에 재물운을 최대한 활용하는 가장 확실한 방법입니다.

결국 재물운도 중요하지만 그보다 더 중요한 것은 함께할 수 있는 좋은 사람들, 즉 귀인입니다. 지금부터는 여러분에게 도움이 되는 귀인을 어떻게 알아볼 수 있는지 이야기해 보겠습니다.

귀인을
알아보는 방법

+ + +

"선생님, 제 인생에 귀인이 나타날까요?"

상담실에서 자주 듣는 질문입니다. 어려운 상황에 처했을 때 도움을 주는 귀한 사람, 즉 귀인에 대한 갈망은 누구나 가지고 있습니다. 이 '귀인'이라는 존재를 어떻게 이해해야 할까요?

귀인은 우연히 만나는 게 아니다

제 경험으로 보건대, 귀인은 갑자기 하늘에서 떨어지는 선물이 아닙니다. 사주를 통해 언제 어떤 사람이 귀인 역할을 할지 미리 파악할 수 있습니다. 방법은 생각보다 간단합니다. 자신에게 부족한 에너지를 가진 사람, 또는 자신과 상호 보완적인 관계를 맺을 수 있는 사람이 귀인이 될 가능성이 높습니다.

예를 들어, 목의 에너지가 강한 사람에게는 물의 에너지를 가진 사람이 귀인이 될 수 있습니다. 나무가 너무 많은데 물이 부족해 자랄 수 없는 상황에서는 적당한 물이 있으면 균형을 맞춰 더 큰 힘을 발휘할 수 있거든요.

진짜 귀인을 알아보는 신호들

그렇다면 실생활에서 어떤 사람이 나에게 귀인이 될 수 있는지 어떻게 알 수 있을까요? 몇 가지 신호가 있습니다.

첫 번째는 만나고 나서 기분이 좋아지는 사람입니다. 뜬구름 잡는 허무맹랑한 이야기처럼 들릴 수 있습니다. 그러나 특별한 이유 없이 편안함을 느끼거나, 함께 있을 때 에너지가 충전되는 느낌을 받는다면, 그 사람은 정말 귀인일 가능성이 높습니다.

두 번째는 조언이나 정보를 줄 때 내가 정말 필요로 했던 것을 정확히 제공하는 사람입니다. 마치 내 마음을 읽은 것처럼 딱 맞는 도움을 주는 사람들이 세상엔 있습니다.

세 번째는 나의 장점을 알아봐 주고 격려해 주는 사람입니다. 다른 사람들이 보지 못하는 나의 가능성을 발견하고 응원해 주는 사람은 분명한 귀인이라고 할 수 있습니다.

사주로 봤을 때 나에게 어떤 유형의 사주가 귀인인지 가장 쉽게 아는 방법은, 나와 상생하는 관계인지 보는 것입니다. 나의 일간이 목이라면 귀인이 될 사람의 일간은 물이나 땅일 가능성이 높습니다. 이런 형태로 나머지 오행을 볼까요? 불로 태어났다면 목이나 금, 토로 태어났다면 불이나 물, 금으로 태어났다면 토나 목, 물로 태어났다면 금이나 불이 나에게 도움을 주는 귀인일 가능성이 큽니다.

물론 더 정확하게는 모든 사주팔자 글자와 대운, 세운 등 많은 것을 봐야 하지만, 가장 중요한 일간만 체크하더라도 아예 안 하는 것보다는 백배 나을 것입니다.

귀인 관계는 서로 주고받는 것이다

여기서 중요한 건 귀인 관계가 일방적이지 않다는 사실이에요. 나에게 도움을 주는 사람이 있다면, 나도 그 사람에게 어떤 식으로든 도움이 되어야 합니다. 때로는 물질적인 도움일 수도 있고, 때로는 정신적인 지지일 수도 있어요. 중요한 건 상호 도움이 되는 관계를 만들어가는 것입니다. 자신만 도움받으려고 하는 사람에게는 진짜 귀인이 나타나지 않습니다. 설령 나타나더라도 떠나가지요. 반대로 먼저 남을 도우려고 하는 사람 주변에는 좋은 사람이 모입니다.

내가 먼저 누군가의 귀인이 되어라

사주 상담을 하면서 깨달은 가장 중요한 통찰 중 하나는, 귀인을 만나고 싶다면 내가 먼저 다른 사람의 귀인이 되어야 한다는 것입니다. 단순한 도덕적 조언이 아니라 사주의 원리와도 맞아떨어지는 말이에요. 좋은 에너지를 내보내면 좋은 에너지가 다시 나에게 돌아옵니다. 구체적으로 어떻게 할 수 있을까요? 우선 자신의 장점과 능력을 파악해 보세요. 내가 다른 사람에게 어떤 도움을 줄 수 있는지 생각해 보는 거예요. 그리고 기회가 있을 때마다 그 능력을 나누려고 노력하세요.

예를 들어 요리를 잘한다면 어려움에 처한 이웃에게 음식을 만들어줄 수 있겠죠? 상담 능력이 있다면 고민이 있는 사람의 이야기를 잘 들어줄 수 있을 테고요. 이렇게 작은 것부터 시작하면 됩니다. 실제로 이런 마음가짐으로 살아가는 분들을 보면, 그분 주변에는 정말 좋은 사람이 많더라고요. 어려울 때 누군가 나타나서 도움을 주는 경우도 많고요.

귀인은 만드는 것이다

결국 귀인이라는 건 우연히 만나는 것이 아니라, 내가 만들어 가는 것 같습니다. 사주는 나에게 맞는 사람이 어떤 유형인지만 알려줄 뿐, 그 관계를 실제로 귀인 관계로 발전시키는 건 우리의 몫입니다.

평소에 열린 마음으로 사람들을 대하세요. 먼저 도움을 주려는 자세로, 진심으로 상대의 성공을 응원하는 마음을 가져보세요. 그러면 분명히 여러분 주변에도 소중한 귀인들이 나타날 겁니다.

악연을
끊어내는 방법

+ + +

귀인 vs 악연

앞서 귀인을 알아보는 방법에 대해 말씀드렸는데, 이번에는 그 반대인 악연에 대해 이야기해 보겠습니다. 좋은 사람을 알아보는 것만큼이나 중요한 것이 나쁜 사람을 알아보고 멀리하는 것입니다.

악연이란 단순히 성격이 맞지 않는 사람을 의미하지 않습니다. 사주적 관점에서 악연이란 나에게 실질적인 피해를 주거나, 나의 성장과 발전을 지속적으로 방해하는 관계를 말합니다.

사주에서는 이런 관계를 충(沖), 형(刑), 해(害)라는 개념으로 설명합니다. 이는 쉽게 말해 나와 상대방의 에너지가 서로 부딪히거나 방해하는 관계를 뜻합니다. 마치 같은 자석의 극끼리 밀어 내듯, 아무리 노력해도 조화롭지 못한 관계가 있습니다.

프롤로그에서 소개해 드린 맛집 사장님의 경우, 그 동업자와의 관계도 사주적으로 보면 악연이었습니다. 설령 동업자의 처음 의도가 좋았다 할지라도 사주 궁합이 맞지 않으니 결국 큰 갈등과 손실로 이어진 거죠. 당시 그분은 자신이 운이 없다고만 생각했는데, 사주적으로 보면 예측 가능했던 결과였습니다.

악연의 가장 큰 특징은 시간이 지날수록 문제가 더 커진다는 점입니다. 귀인과의 관계는 시간이 지날수록 서로에게 도움이 되지만, 악연은 반대로 서로를 소모시키고 지치게 만듭니다.

내 주변의 악연을 알 수 있는 신호

그렇다면 내 주변에 악연이 있는지, 그게 누군지는 어떻게 알 수 있을까요? 몇 가지 명확한 신호가 있습니다.

첫째, 그 사람과 만나고 나면 항상 기분이 나빠집니다. 특별한 갈등이 없어도 왠지 모르게 에너지가 빠지고 우울해지는 느낌을 받습니다.

둘째, 나의 성장이나 성공을 진심으로 기뻐해 주지 않습니다.

겉으로는 축하한다고 하지만, 속으로는 질투하거나 폄하하는 마음을 갖고 있습니다.

셋째, 갈등이 자주 생깁니다. 별것 아닌 일로도 언쟁이 벌어지고, 항상 의견이 대립됩니다.

넷째, 나에게 부정적인 영향을 끼칩니다. 그 사람과 가까이 있으면 내가 원래 갖고 있던 긍정적 에너지가 사라지고 부정적인 생각이 많아집니다.

사주적으로는 상대방과 나의 생년월일을 비교해서 기본적인 궁합을 보면 진단할 수 있습니다. 오행으로 보면 나무와 금처럼 서로를 해치는 관계, 물과 불처럼 서로를 소멸시키는 관계가 악연이 될 가능성이 높습니다.

특히 내가 힘든 시기, 즉 좋지 않은 대운이나 세운을 보낼 때는 악연의 영향력이 더욱 강해집니다. 평소에는 그럭저럭 지낼 수 있던 관계도 내가 약한 시기에는 큰 문제가 될 수 있습니다. 제 경험상 직감도 물론 매우 중요합니다. 처음 만났을 때부터 왠지 모르게 불편했던 사람들 중 상당수가 나중에 악연으로 드러납니다. 우리의 무의식은 상대방의 에너지를 먼저 감지하거든요.

악연을 끊어내는 3단계 방법론

악연을 확인했다면 이제 해결해야 합니다. 저는 천 명을 상담하는 과정을 통해 효과적인 3단계 방법론을 정리했습니다.

1단계는 진단과 인정입니다. 먼저 정말 악연인지 냉정하게 판단해야 합니다. 일시적인 갈등인지, 아니면 근본적으로 맞지 않는 관계인지 구분하는 거죠. 악연임을 인정하는 것 자체가 해결의 첫걸음입니다. 감정적으로 대응하지 말고 객관적으로 분석해 보세요. 이 관계가 나에게 어떤 피해를 주고 있는지, 개선될 가능성이 있는지, 아니면 아예 끊어야 하는지 판단해야 합니다.

2단계는 단계적 거리 두기입니다. 급작스럽게 관계를 끊으면 오히려 더 큰 갈등이 생길 수 있습니다. 특히 직장 동료나 가족처럼 완전히 피할 수 없는 관계라면 점진적으로 거리를 두어야 합니다. 업무상 만나야 하는 관계라면 최소한의 예의는 지키되, 개인적인 깊은 교류는 피하세요. 사적인 관계라면 만나는 횟수를 줄이고, 연락도 자연스럽게 차차 줄입니다. 상대방이 눈치채지 못하게 천천히 멀어지는 것이 현명합니다.

3단계는 완전한 차단과 치유입니다. 만약 정말로 심각한 악연이라면 과감하게 관계를 단절해야 합니다. 이때는 미련을 갖지 말고 깔끔하게 정리하는 것이 서로에게 도움이 됩니다. 그리고 관계를 끊고 나면 상처받은 마음을 치유하는 시간이 필요합니다. 혼자만의 시간도 갖고, 좋은 사람들과 더 많은 시간을 보내면서 긍정적인 에너지를 회복해야 합니다. 이 과정을 거쳐야 새로 다가올 좋은 인연을 맞을 준비가 됩니다.

악연이 다시 들어오지 않게 하는 예방법

악연을 정리했다면 이제 새로운 악연이 들어오지 않게 예방해야 합니다. 예방이 치료보다 훨씬 쉽고 효과적이거든요.

첫째, 새로운 사람을 만날 때 첫 만남 순간의 직감을 신뢰하세요. 왠지 모르게 불편하거나 거부감이 든다면 그 느낌을 무시하지 마세요. 우리의 직감은 생각보다 정확합니다.

둘째, 상대방의 말과 행동이 일치하는지 관찰하세요. 말로만 좋은 이야기를 하고 행동은 다르게 하는 사람들이 있습니다. 특히 다른 이들을 어떻게 대하는지 보면, 그 사람의 진짜 성격을 알 수 있습니다.

셋째, 나에 대한 존중과 배려가 있는지 확인하세요. 나의 의견을 무시하거나, 나의 시간을 소중히 여기지 않는 사람은 좋은 관계로 발전하기 어렵습니다.

사주적으로는 내 사주와 상극이 되는 사람들의 특징을 미리 알아두는 것이 도움이 됩니다. 내가 목 에너지가 강하다면 금 에너지가 강한 사람과는 조심스럽게 관계를 시작해야 합니다.

또한 내 사주가 약한 시기에는 더욱 신중해야 합니다. 좋지 않은 대운이나 세운을 보낼 때는 새로운 관계를 시작하기보다는 기존의 좋은 관계를 지켜가는 것이 현명합니다.

새로운 관계를 시작할 때 주의할 점들

특히 연인 관계에서는 더욱 조심을 해야 합니다. 사랑에 빠지면 상대방의 단점이 잘 보이지 않기 때문이죠. 하지만 냉철하게 상대방이 나를 존중하는지, 또 나의 꿈과 목표를 지지해 주는지 확인해야 합니다.

사업 파트너를 선택할 때도 신중해야 하는 건 마찬가지입니다. 돈이 관련된 관계에서는 작은 성격 차이도 큰 갈등으로 번질 수 있습니다. 상대방의 가치관, 일하는 방식, 돈에 대한 생각 등을 충분히 파악한 후 결정하세요.

직장에서의 경우, 모든 동료와 친해질 필요는 없습니다. 업무상 필요한 관계와 개인적인 친분은 구분해서 관리하세요. 특히 뒷담화를 좋아하거나 부정적 에너지가 강한 동료와는 적당한 거리를 유지하는 것이 좋습니다.

친구 관계에서도 경계선이 필요합니다. 아무리 친한 사이라도 서로의 사생활과 결정은 존중해야 합니다. 지나치게 간섭하거나 의존하는 관계는 건강하지 않습니다.

저는 20대에 악연들로 인해 많은 에너지를 소모했습니다. 하지만 30대에 들어서면서 이런 관계들을 정리하니 놀라운 변화가 일어났습니다. 악연을 끊어내자 그 자리에 정말 좋은 사람들이 들어왔습니다. 악연을 정리하는 것은 용기가 필요한 일입니다. 때로는 외로워질 수도 있고, 주변에서 이해하지 못할 수도 있습니다. 하지만 나의 인생은 내가 책임져야 합니다. 나에게 해로운 관계를 계속 유지할 이유는 없습니다.

악연은 운명이 아닙니다. 사주적으로 예측 가능하고, 체계적인 방법으로 해결할 수 있는 문제입니다. 용기를 내어 악연을 정리하면, 그 자리에 더 좋은 인연이 들어올 공간이 생깁니다. 인생은 한정되어 있습니다. 나의 시간과 에너지는 소중합니다. 이 소중한 자원을 나를 성장시켜주는 사람들과 함께 보내세요. 그것이 나 자신을 사랑하는 가장 확실한 방법입니다.

재물운을 끌어당기는
운 사용법

+ + +

저는 최근 두 달간 3백 명 이상의 사주를 봤는데요. 상담을 진행하면 항상 느끼는 점이 하나 있습니다. 상담을 오시는 분들은 분명 각기 다른 인생을 살고 있지만, 가져오시는 고민은 거의 비슷하다는 겁니다.

어떤 고민일까요? 바로 금전적 문제, 즉 재물운과 관련된 것입니다. 이 고민을 사주를 통해 해결할 수 있다면, 답답하고 막막한 인생 대신 여러분들이 원하는 인생을 살 수 있을 거라 생각합니다.

그래서 각자의 상황에 맞게 어떻게 해결해야 하는지, 구체적인 사례를 통해 말씀드리겠습니다. 지금부터 설명해 드리는 사항들을 여러분의 삶에 적용한다면, 분명 큰 도움이 될 겁니다.

제가 상담하면서 제안하는 솔루션은 크게 세 가지입니다.

사람을 바꿔라

“선생님, 저는 돈을 많이 벌고 싶어서 정말 열심히 일하고 있는데 운이 없는 것 같아요. 제 사주에 돈이 있긴 한가요?”

내담자는 상담이 시작되자마자 한이 서린 듯한 목소리로 말했습니다. 내담자의 사주를 해석해 보니, 이분의 사주에는 큰 문제가 없었습니다. 오히려 꽤 좋은 재물운이 보였습니다. 사주를 볼 때 재물운이 좋으려면 자신을 도와주는 기운이 있어야 합니다. 예를 들어 갑목 일간이라면, 재물을 뜻하는 토의 기운이 적절히 있으면서 자신을 생해주는 수의 기운도 함께 있어야 재물운을 제대로 발휘할 수 있습니다.

이렇게 내담자처럼 본인의 사주에 특별한 문제가 없는 경우, 대부분 문제는 ‘사람’입니다. 이 내담자는 결혼을 하지 않고 동업자와 함께 자영업을 하고 있었습니다. 그래서 추가로 동업자의 사주를 봤는데, 둘의 궁합이 매우 좋지 않았습니다. 내담자의 재물운이 동업자에게 막히는 형국이었죠. 사주에서 자신을 극하는 기운이 너무 강한 사람과 함께 일하면, 아무리 좋은 운이 와도 그 운을 제대로 살리기 어렵습니다.

내담자는 자신의 이야기를 더 털어놨습니다. 동업자의 거친 언행으로 인해 손님들이 들어왔다가 나가는 일이 많았고 그로 인해 후기가 좋지 않게 쌓였으며, 직원들도 이로 인해 그만두는 상황이었습니다. 하지만 내담자는 동업자와 오래된 친구 사이였기에, 친구가 이렇게 일을 할 거라 생각하지 못했던 거였죠.

저는 동업자와의 궁합이 좋지 않으니 가능하다면 동업을 그만두고, 당장 그것이 어렵다면 각자의 업무를 명확히 분리해 같은 공간에서 일하지 않도록 하라고 조언했습니다. 또한 힘이 될 수 있는 귀인의 사주를 알려주며, 새로운 동업자나 직원을 구할 때 활용하라고 이야기했습니다.

갑목 일간인 내담자에게는 수나 화의 기운이 강한 사람이 도움이 됐습니다. 수는 갑목을 생해주고, 화는 갑목의 에너지를 받아 빛을 발하게 해주기 때문입니다. 이후 내담자분에게 연락이 왔습니다. 친구와의 동업을 정리하고 자신과 잘 맞는 직원들과 함께 일하면서, 일도 마음도 전보다 훨씬 나아졌다고 했습니다.

이처럼 자신의 사주가 좋더라도, 주변 사람들과의 궁합이 나쁘면 안 좋은 영향을 끼칩니다. 동업자뿐만 아니라 모든 사람과의 관계에 다 해당이 되는 이야기죠. 부모, 배우자, 자녀, 지인,

직장 동료 등 가까운 사람들과 합이 잘 맞는지 점검해 보시기 바랍니다. 이것만으로도 많은 부분을 해결할 수 있습니다.

나의 사주에도 반드시 길운은 들어온다

아무리 좋은 사주를 가지고 있더라도, 평생 운이 좋을 수는 없습니다. 반대로 좋지 않은 사주를 가지고 있더라도, 반드시 좋은 운이 들어오는 시기가 있습니다.

"남편과 저 둘 다 직장인인데, 과연 돈을 더 벌 수 있을까요?"

이번 내담자는 배우자와 아이 두 명과 함께 살고 있었습니다. 내담자는 사랑하는 자녀들에게 뭐든 마음껏 해주고 싶었지만 현실은 녹록지 않았고, 아이들이 클수록 들어가는 돈도 많아져 고민이 깊었습니다. 남편과 내담자 모두 직장인이었지만, 기존 소득으로는 부족한 상황이어서 상담을 신청했던 거였죠.

내담자의 사주를 보니, 30년간 재물운이 좋지 않았지만, 다음 해부터는 30년 동안의 재물운이 누적되어 들어오는 흐름이었습니다. 10년마다 운이 바뀌는 대운, 다음 해부터 이 대운이 바뀌는 시기였던 겁니다. 대운이 바뀌면 삶의 흐름이 전체적으로 크게 바뀐다고 했었지요? 특히 재물과 관련된 기운이 대운으로 들어오면, 그동안 쌓아온 노력의 결실을 볼 수 있습니다. 병화 일간이라면 재물을 뜻하는 토의 대운이 들어왔을 때 재물운이 활성화됩니다.

이렇게 좋지 않은 흉운에서 길운으로 넘어가게 되면, 재물운을 더욱 잘 활용할 수 있는 상황이 됩니다. 내담자는 지금껏 흉운을 잘 참고 버텨왔기에, 이제는 자신의 인생을 어떻게 하면 좋은 방향으로 이끌어갈 수 있을지 잘 알고 있었습니다. 이 상황에서 길운이 들어오면 자만하지 않고 제대로 길운을 활용할 수 있을 터였죠.

이러한 재물운 흐름을 설명하며, 어떤 일이나 재테크를 통해 돈을 벌 수 있을지 방향성을 제시했습니다. 상담이 끝나갈 때쯤 내담자분이 추가로 남편의 재물운도 문의해 사주를 본 결과, 그분의 재물운은 60세 이후에 들어오는 상황이었습니다. 따라서 내담자의 재물운이 훨씬 좋으니, 재물적인 결정은 내담자가 주도하는 것이 낫겠다고 조언했습니다. 다행히 두 분의 궁합이 좋아 내담자의 결정을 남편이 잘 따라줄 것 같았습니다.

각 일간별로 재물운이 들어오는 시기의 활용법도 다르다는 점을 기억해 두어야 합니다. 목의 기운이 강한 사람은 토의 대운이 올 때, 화의 기운이 강한 사람은 금의 대운이 올 때 재물운이 활성화됩니다. 이 시기를 미리 알고 준비하면 더 큰 성과를 거둘 수 있습니다. 이후 내담자는 상담 내용을 토대로 재테크를 진행해 꽤 큰 차익을 남겼다는 이야기를 전해줬습니다. 이분은 나쁜 운을 잘 견디고, 좋은 운이 들어올 때 적절히 활용하여 재물운을 쟁취한 사례입니다.

일단 움직여라

아무리 운이 좋아도 움직이지 않으면 아무 일도 일어나지 않습니다. 적극적으로 움직여야 운을 현실로 이룰 수 있죠. 실제로 적극적으로 행동하여 재물운을 제대로 취한 경우가 많습니다.

"하고 싶은 일을 해서 돈을 벌고 싶은데, 언제쯤 많이 벌 수 있을까요?"

젊은 남자분이 상담을 시작하며 이렇게 질문했습니다. 사주를 보니, 현재 재물운이 매우 좋은 상황이었습니다. 무토 일간인 내담자에게는 수의 기운이 재물을 뜻했는데, 마침 수의 대운이 강하게 들어와 있었습니다. 그러나 내담자는 하고 싶은 일이 있지만, '내가 과연 잘할 수 있을까? 실패하면 어떡하지? 좀 더 고민해 보자' 하면서, 선뜻 시작하지 못하고 제자리에 머물러 있었습니다.

누구나 공감하는 상황일 겁니다. 저도 하고 싶은 일을 하면서 돈을 많이 벌고 싶었지만, 생각만 하다 시간을 허비한 적이 많으니까요. 하지만 생각만 하면 불안감이 커지고, 결국 아무것도 할 수 없는 상태가 됩니다. 이런 문제는 행동해야 비로소 해결됩니다. 재물운이 아무리 좋아도 비겁(자신과 같은 기운)이 너무 강하면 결단력이 부족해집니다. 이럴 때는 식상(자신이 생하는 기운)을 활용해 창의적인 아이디어를 행동으로 옮기는 것이 중요합니다.

저는 "현재 재물운이 매우 좋으니, 적극적으로 움직이셔야 합니다"라고 이야기하며 여러 해결책을 제시했습니다. 그러나 핵심은 운이 아무리 좋아도 행동하지 않으면 얻지 못하니, 생각에 머물지 말고 행동으로 옮기라는 내용이었죠. 상담이 끝나고 시간이 꽤 지난 후에 내담자에게서 연락이 왔습니다.

"평소에 여러가지 일을 벌이고 싶었지만 항상 생각만 하고 행동으로 옮기지 않았단 걸 깨달았습니다. 상담 이후 제가 계속 하고 싶었던 일들을 하나씩 실행에 옮기기 시작했죠. 그러다 보니 직원들도 새로 뽑게 되었고요. 그런데 일이 진전되는 대신 추가로 인건비가 많이 들면서 재정난에 허덕이게 됐습니다. 하지만 여러 시행착오들을 겪은 끝에 이제는 연 매출 10억의 법인 대표가 되었습니다. 그때 중요한 것은 생각만으로 끝내지 않고 결국 움직였다는 것입니다. 움직였기에 나에게 들어온 운을 제대로 활용할 수 있었고 결과도 함께 나왔던 것이죠. 선생님 말씀처럼, 움직이지 않았다면 재물운이 들어왔어도 재물을 취하지 못했을 거예요."

재물운, 즉 재물이 굴러들어 오는 운도 결국 직접 움직여야만 내 손에 쥘 수 있습니다. 집에만 가만히 있으면 어떤 운도 스스로 굴러들어 오지 않죠. 여기서 중요한 건 재물운을 쌓았다는 것이 아닙니다. 성공하길 빌며 가만히만 있지 않고, 적극적으로 움직였다는 점이죠. 그 움직임이 재물운을 극대화해 준 겁니다. 만약 적극적인 행동이 없었다면, 아무리 좋은 재물운이 들어왔어도 내담자는 사업에서 성공할 수 없었을 겁니다.

운의 흐름을 좋게 하는 방법

제가 사례를 통해 말씀드린 세 가지만 기억하고 행동하면, 재물운은 물론이고 인생의 전반적인 운 흐름이 좋은 방향으로 갈 거라 확신합니다. 첫째, 자신과 맞는 사람과 함께하세요. 아무리 친한 사이라도 사주가 맞지 않으면 서로에게 독이 될 수 있습니다. 둘째, 자신의 운의 흐름을 파악하고 준비하세요. 좋은 운이 올 때를 미리 알고 준비하면 더 큰 성과를 거둘 수 있습니다. 셋째, 생각만 하지 말고 행동하세요. 아무리 좋은 운이 와도 행동하지 않으면 아무 일도 일어나지 않습니다.

사주는 정해진 운명이 아니라 가능성을 보여주는 지도입니다. 이 지도를 잘 활용해 여러분 모두 원하는 재물운을 쟁취하시길 응원합니다.

주식, 코인을 할 수 있는 사주는
따로 있다

+ + +

평소 투자에 관심이 많던 저는 우연한 기회에 주식과 코인으로 성공한 사람들의 모임에 참석하게 되었습니다. 제가 사주를 볼 수 있다고 하니 많은 분이 관심을 보였는데, 처음에는 단순히 재미 삼아 몇 분의 사주를 봐드리려 했습니다.

그런데 점점 더 많은 사람들이 몰려오기 시작했죠. "제 사주 좀 봐주세요", "저도 한번 봐주세요" 하면서 줄까지 서는 분들이 생겼습니다. 처음에는 부담스러웠지만, 이렇게 많은 투자 성공자들의 사주를 한 번에 볼 수 있는 기회는 흔치 않다고 생각했습니다. 그때까지만 해도 이 일로 제가 그렇게 큰 깨달음을 얻게 될지 몰랐습니다. 단순히 호기심으로 시작한 일이 제가 공부한 사주 이론을 현실에서 확인하는 소중한 시간이 되었거든요.

사주를 볼 때마다 놀라웠던 공통점

한 명씩 사주를 보면서 저는 점점 더 놀라게 됐습니다. 너무나 비슷한 패턴이 계속 반복됐거든요. 처음에는 우연의 일치라고 생각했는데, 네 번째, 다섯 번째 사주를 보면서 이건 필연이라는 생각이 들었습니다.

그분들의 사주에는 공통점이 있었습니다. 천간, 즉 사주팔자에서 년, 월, 일, 시의 위쪽 글자에 임수나 계수가 존재했습니다. 그리고 10년마다 바뀌는 대운에서 이를 뒷받침해 주는 글자들이 있었습니다. 임수는 큰 바다나 강 같은 물을 의미하고, 계수는 비나 이슬 같은 작은 물을 의미한다고 했지요? 둘 다 물의 에너지인데, 이 물의 에너지가 투자에 특별한 영향을 미치는 것 같았습니다.

책으로만 공부했던 이론이 현실에서 이렇게 명확하게 증명되니 정말 신기했습니다. 마치 투자 성공의 공식을 발견한 것만 같은 기분이었죠. 그동안 제가 공부한 방향이 맞구나 싶어 기뻤습니다.

임수, 계수가 투자에 유리한 이유

그렇다면 왜 임수와 계수가 투자에 유리할까요? 물의 특성을 생각해 보면 답이 나옵니다. 물은 유동성이 가장 큰 특징입니다. 어떤 모양의 그릇에든 자유자재로 변형되고, 빠르게 흘러가며, 장애물을 만나면 돌아서 가기도 합니다. 이런 특성은 투자에 필요한 성향과 일치합니다. 투자에서 가장 중요한 것 중 하나가 변화에 빠르게 적응하는 능력입니다. 시장 상황이 바뀌면 즉시 전략을 수정해야 하고, 손절할 때는 과감하게 끊어내야 합니다. 물처럼 유연하게 흘러가야 하는 것입니다.

임수와 계수는 접근 방식이 조금 다릅니다. 임수가 있는 분들은 큰 물처럼 대담하고 스케일 있는 투자를 선호하더군요. 장기 트렌드를 보는 안목이 뛰어나고, 큰 흐름을 타는 투자에 적합합니다. 반면 계수가 있는 분들은 작은 물처럼 세밀한 분석을 바탕으로 투자를 합니다. 작은 변화도 놓치지 않는 관찰력이 있어서 단기 투자나 데이 트레이딩에 능숙한 경우가 많았습니다.

전통 사주에 '수생재'라는 말이 있습니다. 물이 재물을 생한다는 뜻인데, 현대에 와서 이것이 투자 능력과 연결되는 것을 보니 정말 놀라웠습니다.

그 경험에서 중요한 점을 한 가지 더 발견했습니다. 아무리 임수나 계수가 있어도 대운이 뒷받침되지 않으면 투자 성공이 어렵다는 사실이었습니다. 그분들의 대운을 자세히 살펴보니, 투자로 큰 성공을 거둔 시기와 좋은 대운이 들어온 시기가 정확히 일치했습니다. 특히 재성이 대운에 들어오거나, 식상이 뒷받침하는 시기에 큰 수익을 낸 경우가 많았죠.

재성은 재물과 관련된 에너지를 의미하고, 식상은 아이디어나 창의력의 에너지를 의미합니다. 재성이 오면 직접적으로 돈을 벌 기회가 많아지고, 식상이 오면 새로운 투자 아이디어나 정보를 얻을 기회가 많아집니다. 이 두 가지가 함께 작용할 때 투자 성공 확률이 높아지는 듯했습니다.

반대로 인성, 즉 학습과 관련된 에너지가 너무 강한 시기에는 투자보다는 공부나 학습에 집중하게 되어 투자 타이밍을 놓치는 경우도 있었습니다. 모든 것에는 때가 있다는 말이 정말 맞는 거였죠. 한 분은 이렇게도 이야기했습니다.

"20대에는 투자를 해도 잘 안 됐는데, 30대 중반부터는 어떻게 투자해야 할지 갑자기 눈에 보이기 시작했어요."

그분의 대운을 보니 정말 30대 중반부터 좋은 투자운이 들어와 있더군요.

나에게 맞는 투자 전략 찾기

또 다른 깨달음은 모든 사람이 투자로 성공할 수는 없다는 점이었습니다. 하지만 그렇다고 해서 절망할 필요는 없습니다. 자신에게 맞는 재테크 방법을 찾으면 되니까요. 임수가 있는 분이라면 장기 투자에 집중해 보시길 바랍니다. 큰 흐름을 보는 안목을 활용해서 성장주나 인덱스 펀드 같은 것에 투자하는 것이 좋습니다. 단기적인 등락에 흔들리지 말고 길게 보고 투자하세요. 계수가 있는 분은 세밀한 분석 능력을 활용하시길 바랍니다. 차트 분석이나 기술적 분석을 공부해서 단기 투자에 도전해 볼 수 있습니다. 다만 위험 관리는 철저히 하셔야 합니다.

만약 사주에 물의 에너지가 부족하다면 어떻게 해야 할까요? 다른 오행의 강점을 살리면 됩니다. 토의 에너지가 강하면 부동산 투자가 적합할 수 있고, 금의 에너지가 강하면 금이나 귀금속 투자를 고려해 볼 수 있습니다. 목의 에너지가 강하면 성장 산업이나 친환경 관련 투자가 잘 맞습니다.

가장 중요한 것은 무작정 남을 따라 하지 않는 것입니다. 다른 사람이 주식으로 성공했다고 해서 나도 똑같이 해서는 안 됩니다. 내 사주에 맞는 방법을 찾는 것이 훨씬 현명합니다. 안정적인 적금이나 예금도 훌륭한 재테크 방법입니다. 주식이나 코인 투자에 재능이 없다면 무리하지 말고 안전한 방법을 선택하는 것도 지혜입니다. 남들보다 조금 느리더라도 꾸준히 모은다면 확실한 자산이 확보될 테니까요.

그날 모임에서 만난 분들을 보면서 느낀 것은, 투자 성공도 결국 개인의 타고난 성향과 깊은 관련이 있다는 점이었습니다. 사주는 이렇게 그 성향을 미리 알 수 있게 해주는 나침반 역할을 합니다. 이처럼 나의 사주를 제대로 알고, 내게 맞는 재테크 방법을 골라 실행한다면, 누구나 경제적 안정을 이룰 수 있습니다. 중요한 것은 남과 비교하지 말고, 자신만의 속도로 꾸준히 나아가는 것입니다.

투자에는 항상 위험이 따릅니다. 아무리 좋은 사주라도 신중하게 접근해야 하고, 빌린 돈으로 투자해서는 절대 안 됩니다. 명심하세요. 투자는 여유 자금으로만 하는 것이 원칙입니다.

언제 집을 팔아야 하는가?
언제 집을 사야 하는가?

+ + +

2023년 말, 모두가 말렸지만 집을 산 사람

2023년 말부터 2024년 초까지는 모두가 입을 모아 "지금은 때가 아니다. 부동산 절대 사지 마라" 하고 말했던 시기였습니다. 고금리에 경기도 좋지 않았고, 부동산 전문가들도 신중론을 펼쳤죠. 언론에서도 연일 부동산 시장의 어려움을 보도했고요. 그런데 그 시기에 제게 상담을 받은 후 과감하게 집을 매수한 분이 있습니다. 사주를 보니 2024년이 이분에게는 부동산으로 돈을 벌 절호의 기회라는 걸 알 수 있었거든요. 비록 주변에서는 모두 말렸지만요. 결과는 어떻게 되었을까요?

2025년, 그분은 상당한 차익을 실현했을 뿐만 아니라 "내가 정말 원했던 집에서 너무나도 행복하게 살고 있다”고 이야기하고 있습니다. 단순히 경제적 이익을 얻었을 뿐만 아니라 삶의 만족도까지 크게 높아진 것입니다. 이분의 성공은 단순한 운이 아니었습니다. 사주를 제대로 파악하고, 정확한 타이밍에 맞춰 과감하게 움직인 결과였죠.

그분의 사주는 일간이 갑목이었습니다. 일간이란 사주팔자에서 나 자신을 나타내는 핵심 글자라고 했죠? 갑목은 큰 나무를 의미하고요. 갑목은 성장과 발전의 에너지가 강한 특징이 있습니다. 나무는 땅에 뿌리를 내리고 자라나는 특성상, 부동산과 밀접한 관련이 있어요. 더욱 흥미로운 건 2024년 대운이었는데요. 갑목과 궁합이 완벽하게 맞는 글자가 10년마다 바뀌는 대운에 들어와 있었습니다. 특히 부동산과 관련된 운이 대운에 정확히 배치되어 있어서, 이 시기에 부동산 투자를 하면 큰 성과를 낼 수 있는 조건이었죠.

사주에서 갑목은 장기적인 안목을 가지고 있습니다. 단기적인 시장 변동에 흔들리지 않고 본질적 가치를 보는 능력이 뛰어나죠. 2023년 말 당시 시장 상황은 좋지 않았지만, 이 내담자는 자신의 사주적 타이밍을 믿고 과감하게 투자했습니다. 제가 수많은 사주 상담을 하면서 경험하기로, 개인의 사주와 시대적 흐름이 맞아떨어지는 경우는 정말 흔치 않습니다. 그런데 이분은 그런 절호의 기회를 2024년에 맞았고, 그것을 놓치지 않고 잡았던 것이죠.

매도부터 매수까지, 모든 과정의 궁합을 본 이유

더욱 놀라웠던 것은 내담자의 접근 방식이었습니다. 단순히 집만 사는 것이 아니라, 모든 과정에서 사주적 조화를 고려했습니다. 먼저 기존에 살던 집을 매도해야 했는데, 그 집은 매도하기가 상당히 어려운 물건이었습니다. 입지도 애매하고 구조도 특이해서 쉽게 팔리지 않을 것 같았죠. 하지만 이분은 매수자의 사주까지 고려하며, 포기하지 않고 움직였습니다.

몇 달 동안 여러 매수 희망자들이 나타났지만, 사주를 보니 이분과 궁합이 맞지 않는 것 같았습니다. 그러다가 드디어 사주 궁합이 잘 맞는 매수자가 나타났고, 놀랍게도 그분이 선뜻 매수를 결정했습니다. 가격도 원하는 조건에 맞춰서 계약이 성사되었죠. 새집을 살 때도 마찬가지였습니다. 부동산 중개인과의 궁합까지 확인하면서 일을 진행했습니다. '이런 디테일까지 신경 쓰시는구나' 싶을 정도로 꼼꼼했어요.

내담자가 이렇게까지 신중하고 철저하게 접근한 건 그만큼 간절했기 때문입니다. 그리고 그 간절함을 실제 행동으로 옮겼습니다. 사주만 보고 가만히 앉아 있는 게 아니라, 열심히 발품을 팔고 노력했습니다.

같은 사주, 다른 결과 – 행동하지 못한 분의 이야기

흥미롭게도 비슷한 시기에 상담받은 또 다른 내담자가 있었습니다. 이분 역시 갑목 사주였고, 2024년 부동산운이 똑같이 들어와 있었습니다. 사주적 조건만 보면 앞서 이야기한 분과 거의 동일했죠. 이분도 상담 후에 '아, 2024년에 집을 사면 경제적인 이득도 얻고 내가 행복해질 수 있겠구나' 하는 느낌을 받았다고 했습니다. 직감적으로는 알고 있었던 거죠.

하지만 결과는 달랐습니다. 망설이고 망설이다가 결국 행동으로 옮기지 못했습니다. 주변의 "지금은 때가 아니다", "좀 더 기다려봐라" 하는 말에 흔들렸습니다. 또한 완벽한 조건만 찾으려다 보니 결정적인 순간에 용기를 내지 못했습니다. 결국 이 내담자는 기회를 다음으로 미루게 됐습니다. 지금이야 그때가 좋은 타이밍이었다는 걸 알지만, 이미 그 시기는 지나가 버렸습니다.

두 분 모두 똑같은 사주 조건을 가지고 있었지만, 한 분은 성공하고 한 분은 기회를 놓쳤습니다. 두 분의 차이는 바로 행동력이었습니다.

사주는 방향성, 행동은 나의 몫

이 두 분의 사례를 통해 다시 한번 중요한 교훈을 얻었습니다. 운이 와도 행동하지 않으면 결과를 낼 수 없다는 겁니다.

사주는 방향성과 타이밍을 알려줍니다. 언제가 나에게 좋은 시기인지, 어떤 분야에 집중해야 하는지 안내해 주지요. 하지만 그것만으로는 충분하지 않습니다.

사주는 지도입니다. 목적지와 가는 길만 알려줄 뿐, 실제로 그 길을 걸어가는 건 우리 자신입니다. 아무리 정확한 지도가 있어도 움직이지 않으면 목적지에 결코 도달할 수 없습니다.

첫 번째 내담자가 성공할 수 있었던 이유는 사주적 타이밍을 파악한 뒤, 목표를 실현하기 위해 구체적이고 적극적으로 행동한 덕입니다. 매도 과정에서도 매수 과정에서도, 무엇 하나 허투루 지나치지 않고 꼼꼼하게 챙기며 끝까지 노력했습니다.

반면 두 번째 내담자는 저와 상담해 좋은 타이밍을 알고 있었고 직감까지 느꼈지만 실행에 옮기지 못했습니다. 주변의 반대와 스스로의 불안감에 휘눌려서 결정적인 순간에 행동하지 못한 겁니다.

천 명이 넘는 분들을 상담하면서 절실히 느낀 것은, 성공하는 분들의 공통점이었습니다. 사주적 타이밍을 파악하되, 그것을 현실에서 구현하기 위해 치밀하게 계획하고 과감하게 실행한다는 것이죠. 무작정 행동하라는 뜻이 절대 아닙니다. 충분한 준비와 계획이 전제되어야 합니다. 하지만 준비만 계속하고 실천하지 않으면 아무 의미가 없습니다.

갑목 외에 다른 일간을 가진 분들도 마찬가지입니다. 자신의 사주에 맞는 부동산 타이밍이 있고, 그 시기에 맞춰 준비하고 행동한다면 좋은 결과를 얻을 수 있습니다. 사주를 핑계 삼지 않는 것 또한 중요합니다. "사주가 안 좋아서 안 된다"거나 "운이 없어서 실패했다"고 변명하기보다는, 주어진 조건 안에서 우선 최선을 다하는 자세가 필요합니다.

부동산은 인생에서 큰 결정 중 하나입니다. 사주를 통해 최적의 타이밍을 파악하는 것도 중요하지만, 그보다 더 중요한 것은 그 기회를 잡기 위한 준비와 실행력입니다.

여러분도 자신의 사주를 확인해 보고, 부동산 좋은 시기가 언제인지 파악해 보시길 바랍니다. 그리고 그 시기가 오면 주저하지 말고 과감하게 행동하세요. 단, 충분한 자금 계획과 시장 분석은 필수입니다. 사주는 방향을 알려주지만, 현실적인 준비는 우리가 직접 해야 하니까요.

돈을 벌기 위해 중요한 건
결국 사람이다

+ + +

사주만 알면 모든 게 해결될 줄 알았던 과거

사주를 처음 배우기 시작했을 무렵인 20대의 저를 돌이켜 보면, 정말 어리석었습니다. '내 사주만 제대로 파악하면, 모든 게 술술 풀릴 거야' 하고 생각했었거든요. 재물운이 언제 오는지, 어떤 일을 해야 하는지, 언제 투자를 해야 하는지만 알면 다 된다고 착각했습니다. 정말 모든 걸 혼자서 해결하려고 했습니다. 사주 공부도 혼자, 사업 아이디어도 혼자, 투자 결정을 내릴 때도 혼자였습니다. '나는 사주를 아니까 남들보다 유리해' 하는 자만심도 있었습니다.

하지만 현실은 달랐습니다. 아무리 좋은 재물운이 와도 혼자서 할 수 있는 일에는 한계가 있더라고요. 작은 성과는 낼 수 있었지만, 큰돈을 벌거나 인생이 완전히 바뀌는 일은 벌어지지 않았습니다. 그때는 왜 그런지 몰랐습니다. 분명히 사주상으로는 좋은 시기인데, 왜 기대만큼 결과가 나오지 않을까 하고 의아해했습니다. 혹시 제가 사주를 잘못 본 건 아닌가 싶어서 다시 또 공부하고, 다른 선생님에게도 물어보고 그랬죠.

상생으로 큰돈을 벌다

본격적으로 사주 상담을 시작하고 나서 정말 많은 분들을 만났지요. 그렇게 상담을 하면 할수록, 저는 이상한 점을 발견하게 됐습니다. 똑같은 사주를 가진 분들인데도 인생이 완전히 다르단 거였죠. 같은 사주인데 한 분은 사업으로 큰 성공을 거뒀고, 다른 분은 여전히 어려움을 겪고 있었으니까요. 또 재물운이 좋은 시기에 어떤 분은 정말 큰돈을 벌었고, 또 다른 어떤 분은 별다른 변화가 없었고요.

처음에는 '사주의 모든 요소가 다 똑같을 수는 없으니까 미세한 차이가 있겠지'라고 생각했습니다. 하지만 자세히 살펴볼수록, 사주 자체보다는 다른 요소가 더 큰 영향을 미친다는 게 보였습니다. 그 요소는 바로 '사람'이었습니다. 성공한 분들은 모두 자신과 궁합이 맞는 좋은 사람들에 둘러싸여 있었습니다. 사업 파트너, 직장 동료, 심지어 가족까지도 그분들과 사주상 잘 맞는 관계였던 거죠. 반대로 어려움을 겪고 있는 분들은 대부분 혼자 고군분투하고 있거나, 자신과 맞지 않는 사람들과 함께 일하고 있었습니다.

"아, 사주는 혼자 쓰는 게 아니구나. 함께 만들어가는 거구나!"

처음 이 사실을 깨달았을 때는 정말 깜짝 놀랐습니다. 저도 30대에 들어서면서 접근법을 바꿔보기 시작했습니다. 혼자서 모든 걸 해결하려고 하지 말고, 사람들에게 먼저 도움을 주기로 마음먹었습니다. 가장 기억에 남는 건 무료로 상담을 해드린 어떤 분이 나중에 저를 큰 프로젝트에 참여시킨 일입니다. 그 일로 저는 20대 때 혼자 고생하며 벌었던 돈보다 몇 배나 많은 수익을 얻을 수 있었습니다. 그때 깨달았습니다. "베풀면 돌려받게 되어 있구나. 사주의 상생이 바로 이런 거구나" 하고요.

사주에서 말하는 사람의 진짜 의미

처음에 사주를 배울 때는 복잡한 이론들이 너무 어려웠습니다. 하지만 경험을 쌓으면서 깨달은 건, 사주에서 말하는 사람의 의미는 생각보다 단순하다는 것입니다. 내 사주와 궁합이 좋은 사주를 가진 사람을 내 옆에 두는 것. 핵심은 바로 이거였습니다. 복잡한 이론을 다 외울 필요도 없지요. 내가 어떤 일간인지만 알면, 나와 잘 맞는 사람들이 누구인지 파악할 수 있거든요.

예를 들어, 저는 갑목 일간입니다. 갑목은 큰 나무를 의미하죠. 나무가 잘 자라려면 햇빛, 물, 그리고 좋은 땅이 필요하잖아요. 그래서 저에게는 병화나 정화 일간의 사람들(용기와 에너지를 주는 사람들), 임수나 계수 일간의 사람들(이성적 판단과 현실적인 문제 해결을 돕는 사람들), 무토 일간의 사람들(안정적인 기반을 제공하는 사람들)이 도움이 됩니다.

실제로 이런 일간을 가진 분들과 함께 일할 때와 그렇지 않을 때의 차이는 정말 큽니다. 궁합이 맞는 분들과 함께할 때는 일이 술술 풀리고, 시너지 효과도 납니다. 반대로 상극 관계의 일간을 가진 분들과는 아무리 노력해도 잘 안 맞더라고요. 물론 사주 궁합이 전부는 아닙니다. 아무리 궁합이 좋아도 서로 도우려는 마음이 없으면 의미가 없죠. 하지만 기본적으로 궁합이 맞는 상태에서 진정성 있는 관계까지 맺으면, 정말 놀라운 결과를 낼 수 있습니다.

혼자서는 절대 갈 수 없는 한계

지금까지의 경험을 돌이켜 보면, 정말 큰 성과를 낸 일들은 모두 좋은 사람들과 함께였을 때였습니다. 아무리 뛰어난 아이디어가 있고 아무리 좋은 재물운이 오더라도, 혼자서는 한계가 있더라고요. 특히 요즘 같은 시대에는 혼자서 할 수 있는 일이 정말 제한적입니다. 과거와 달리 모든 분야가 전문화되어 있다 보니 협업도 필수가 되었죠. 혼자서 모든 걸 다 잘할 수는 없으니까, 각자의 강점을 가진 사람들이 모여서 함께 일해야 합니다.

사주상 재물운이 좋은 시기가 와도, 그 운을 함께 활용할 사람이 없으면 그냥 지나가 버립니다. 반대로 재물운이 보통인 시기라도 좋은 사람들과 함께하면 훨씬 큰 성과를 낼 수 있습니다.

"나 혼자 잘되는 것보다 함께 잘되는 것이 더 좋다."

"내가 가진 것을 나누면 더 많이 돌아온다"

제가 상담한 분 가운데서도 성공하는 분들은 대부분 이런 마인드를 가지고 있습니다.

나와 궁합이 맞는 사람들을 어떻게 찾을까

나와 궁합이 맞는 사람을 찾는 가장 좋은 방법은, 자신의 사주 팔자와 같은 글자가 몇 개 있는지 찾아보는 겁니다. 비슷한 글자가 많으면 그만큼 비슷한 부분들이 있으니 남들보다 공감대가 잘 형성될 수 있습니다. 또한 대운 흐름이 비슷한 사람을 찾는 것도 좋습니다. 자신의 대운이 겨울에서 봄으로 갈 때, 역시 겨울에서 봄으로 가는 사람을 찾는다면 궁합이 맞을 확률이 높죠.

그리고 서로의 사주가 비슷한 것도 좋지만, 서로의 단점을 보완해 줄 수 있는 관계가 궁합이 더 잘 맞는 사람이라고 보면 됩니다. 인생은 절대 혼자서 살아갈 수 없습니다. 누군가에게 나도 도움을 받고, 나도 그 사람에게 도움을 주는 관계 속에서 우리는 살아갈 수 있습니다. 그러므로 서로 보완이 되는 사주의 사람을 만난다면 그것만큼 좋은 궁합은 없을 겁니다.

그렇다면 실제로 나와 궁합이 맞는 사람들을 어떻게 하면 찾을 수 있을까요? 모든 사람의 사주를 다 물어볼 수는 없으니까요.

제 경험상 가장 좋은 방법은 앞서 말씀드린 것처럼 자신의 직감을 믿고 '함께 있을 때 편안함을 느끼는 사람'을 찾는 겁니다. 사주 궁합이 좋은 사람들과는 자연스럽게 대화가 잘 통하고, 함께 있으면 에너지가 생깁니다. 반대로 궁합이 안 맞는 사람들과 있으면 아무 이유 없이 피곤해지거나 스트레스를 받게 되죠.

또 다른 좋은 방법은 '서로 도움을 주고받을 수 있는 관계'인 지를 보는 겁니다. 진짜 궁합이 좋은 사람들과는 자연스럽게 주 고받는 관계가 만들어집니다. 한쪽만 주거나 한쪽만 받는 관계 는 오래 지속되기 어렵습니다. 무엇보다 중요한 건 '진정성'입니 다. 아무리 사주 궁합이 좋아도 서로 이용하려는 마음으로만 접 근하면 좋은 결과를 낼 수 없습니다. 진심으로 상대방의 성공을 바라고, 함께 성장하려는 마음이 있어야 합니다.

함께 성장하는 마인드셋의 힘

요즘 제가 가장 중요하게 생각하는 화두는 '함께 성장하는 마 인드셋'입니다. 혼자 잘되려고 하지 않고, 주변 사람들과 함께 성장하려는 마음가짐을 유지하는 거죠.

이런 마인드셋을 가지고 사람들과 관계를 맺으면, 정말 신기 한 일들이 일어납니다. 내가 다른 사람의 성공을 진심으로 응원 하고 도와주면, 그 사람도 나의 성공을 위해 도움을 주려고 합니 다. 이렇게 선순환이 만들어지면서 모두가 함께 성장할 수 있게 됩니다.

사주에서 말하는 상생 관계가 바로 이런 게 아닐까요? 서로 다른 특성을 가진 사람들이 모여서 서로의 장점은 살리고 단점은 보완해 주는 거죠. 나무는 햇빛과 물의 도움을 받아 자라고, 자란 나무는 그늘과 산소를 제공합니다. 이렇게 서로 주고받으면서 모두가 건강하게 성장할 수 있습니다.

나만의 성찰 질문들

저는 스스로에게 계속 이런 질문들을 던집니다.

"내 주변에 나와 궁합이 맞는 사람들이 있는가?"

"나는 그 사람들에게 어떤 도움을 줄 수 있는가?"

"혹시 나쁜 궁합의 사람들과만 어울리고 있지는 않은가?"

"나는 다른 사람들의 성공을 진심으로 응원하고 있는가?"

질문에 대한 답을 찾아가다 보면 어떤 시기에는 왜 일이 잘 풀리고, 어떤 시기에는 왜 막히는지 알 수 있습니다.

여러분들도 이런 질문들을 스스로에게 던져보세요. "내가 지금 함께하고 있는 사람들과 진정으로 상생하고 있는가?", "나는 다른 사람들에게 도움이 되는 존재인가?" 이렇게요.

사주는 혼자 쓰는 것이 아니다

아무리 좋은 사주를 타고났어도, 아무리 좋은 재물운이 와도, 함께할 사람이 없으면 그 운을 제대로 활용할 수 없습니다. 진정한 재물운은 나 혼자만의 것이 아닙니다. 나와 궁합이 좋은 사람들과 함께 만들어내는 시너지 효과에서 나오는 것입니다. 혼자서 1백을 만들려고 애쓰기보다는, 좋은 사람들과 함께 1천을 만드는 것이 훨씬 현명합니다.

앞으로 저는 더 많은 사람들과 상생할 수 있는 관계를 만들어가려고 합니다. 제가 가진 지식과 경험을 더 많이 나누고, 다른 분들의 성공을 위해서도 도움을 드리고 싶습니다. 사주는 방향을 알려주지만, 그 방향으로 함께 길을 걸어갈 사람들을 찾는 것은 우리의 몫입니다. 혼자서 모든 걸 해결하려고 하지 말고, 좋은 사람들과 함께 성장하는 길을 선택하는 것이 더 현명한 방법입니다.

4장

운을 이용해서
미래를 준비하는 자가
된다

사주의 핵심은 '나다움'을 찾는 겁니다.
내가 타고난 기운이 무엇인지,
어떤 환경에서 가장 빛을 발하는지,
무엇을 조심해야 하는지를 파악하는 것이
진정한 미래 계획의 시작입니다.

내 사주를
제대로 활용하는 방법

+ + +

잘못된 사주 활용의 네 가지 패턴

천 명 넘게 사주를 보면서 제가 만난 사주를 잘못 활용하는 이들에게는 대표적인 패턴이 몇 가지 있습니다. 첫 번째, 사주에 모든 것을 맡기려고 하는 사람. 사주에서 이렇게 나왔으니까 어쩔 수 없다고 체념하거나, 반대로 사주에서 좋다고 했으니까 아무것도 안 해도 된다고 생각하는 경우입니다. 두 번째, 사주를 무시하고 완전히 배제하려는 사람. '그런 건 미신이야'라고 하면서 자신의 타고난 특성이나 시기적 흐름을 전혀 고려하지 않고 무작정 밀어붙이는 경우입니다. 세 번째, 사주를 너무 복잡하게 생각하는 사람. 온갖 전문 용어와 복잡한 이론에만 매달리다가 정작 중요한 본질은 놓치는 경우입니다.

사주를 제대로 활용하는 분들은 사주를 나침반처럼 사용합니다. 나침반과 지도 모두 길과 방향을 알려줄 뿐, 실제로 걷는 것은 자기 자신입니다. 사주는 방향을 제시하기만 한다는 사실, 운명을 결정하는 건 여러분 자신이라는 점을 명심하시기 바랍니다.

내 본질을 이해하는 것부터 시작하기

사주를 제대로 활용하려면 먼저 내 본질을 정확히 파악해야 합니다. 이것은 단순히 어떤 일간인지 아는 것을 넘어서, 내가 어떤 상황에서 강해지고 약해지는지를 이해하는 것입니다.

자신의 사주를 단순하게 '좋다', '나쁘다'로만 판단하려고 하는 분들이 많습니다. 하지만 사주에는 절대적으로 좋거나 나쁜 것이 없습니다. 모든 것은 상황과 시기, 그리고 개인의 활용 방식에 따라 달라집니다. 사주에 물의 기운이 많은 분들은 유연하고 적응력이 뛰어나지만, 때로는 변덕스럽거나 일관성이 부족할 수 있다고 했지요? 이런 성향을 단점으로만 보지 말고, 변화하는 환경에서 빠르게 적응할 수 있는 강점으로 활용하면 됩니다.

반대로 사주에 금의 기운이 많은 분들은 원칙적이고 꼼꼼하지만, 때로는 융통성이 부족하거나 완벽주의적일 수 있다고 했습니다. 그렇다면 원칙적이고 꼼꼼한 특성, 정확성이 요구되는 분야에서 일하면서 약점까지도 강점으로 활용하는 겁니다.

내 사주의 특성을 있는 그대로 받아들여 보세요. 그리고 그 성향을 어떻게 하면 긍정적으로 활용할지 고민해 보세요.

시기를 아는 지혜

그다음 사주 활용에서 두 번째로 중요한 건 시기를 아는 것입니다. 같은 일이라도 언제 하느냐에 따라 결과가 완전히 달라집니다. 사주에서 말하는 대운은 인생의 계절과 같습니다. 어떤 시기에는 적극적으로 나서는 것이 좋고, 어떤 시기에는 보수적으로 기다리는 것이 좋습니다. 이런 시기적 흐름을 이해하고 그에 맞게 행동하는 것이 사주를 제대로 활용하는 방법입니다.

좋은 운이 온다고 해서 아무것도 하지 않고 가만히 기다리고 있으면 절대 안 됩니다. 좋은 운은 기회를 제공해 줄 뿐, 그 기회를 잡는 것은 개인의 준비와 노력에 달려 있습니다. 움직이지 않은 채로 '운이 좋다는데 왜 아무 일도 안 일어날까?' 생각만 하고 있으면 그 운은 지나가 버리고 맙니다.

반대로 어려운 시기라고 해서 포기할 필요도 없습니다. 이런 시기에는 내실을 다지고 기초를 튼튼히 하는 데 집중하면 됩니다. 실제로 어려운 시기를 잘 견뎌낸 분들이 나중에 더 큰 성공을 거두는 경우를 많이 봤습니다.

균형과 조화의 원리 이해하기

사주에는 균형과 조화의 원리가 숨어 있습니다. 이것을 조후(調候)라고 합니다. 너무 뜨거우면 차갑게 하고, 너무 차가우면 따뜻하게 해서 균형을 맞추는 원리죠. 개인의 삶에서도 이런 균형 감각이 매우 중요합니다. 너무 적극적으로만 움직이면 실수할 수 있고, 너무 소극적으로 가만히 있으면 기회를 놓칠 수 있습니다. 상황에 맞게 적절히 조율하는 지혜가 필요합니다.

예를 들어 평소에 성격이 급한 분이라면, 중요한 결정을 할 때는 의도적으로 천천히 생각해 보는 시간을 가지는 것이 좋습니다. 반대로 평소에 신중한 분이라면, 때로는 과감하게 결정하는 용기도 필요합니다. 이런 균형 감각은 하루아침에 기를 수 있는 것이 아닙니다. 꾸준히 자신을 관찰하고, 상황에 맞게 조절해 가면서 점차 키울 수 있는 것이죠.

관계에서 사주 지혜 활용하기

사주를 활용하는 또 다른 중요한 영역, 인간관계에서도 생각해 봐야 할 점이 있습니다. 사주로 사람을 판단하거나 차별해서는 안 된다는 것입니다. 사주는 사람을 '이해하는' 도구입니다.

사람마다 다른 특성을 가지고 있다는 것을 인정하고, 그 차이를 존중해야 합니다. 어떤 사람은 빠르게 결정하는 것을 선호하고, 어떤 사람은 충분히 생각해 본 후에 결정하는 것을 선호합니다. 이런 차이들을 이해하고 상대방의 방식을 존중할 때 더 좋은 관계를 만들 수 있습니다. 가장 이상적인 건 내가 부족한 부분을 상대방이 채워줄 수 있고, 상대방이 부족한 부분을 내가 채워줄 수 있는 관계입니다. 이런 상호 보완적 관계에서 서로 성장할 수 있고, 너 큰 성과도 낼 수 있습니다.

사주 궁합이 좋지 않다고 해서 관계를 단절할 필요는 없습니다. 오히려 서로의 차이를 인정하고 배려하는 마음을 가지면, 어떤 관계든 좋게 만들어갈 수 있습니다.

사주와 현실의 균형 맞추기

또한 사주를 활용할 때 중요한 점 중 하나는 현실과의 균형을 맞추는 것입니다. 이는 사주에서 좋다고 하면 무조건 밀어붙이고 나쁘다고 하면 무조건 피하는 것이 아니라, 사주의 조언을 참고하면서도 실제 상황을 함께 고려해서 판단 내리는 것을 의미합니다.

사주가 좋은 흐름을 보여줘도 내가 준비되지 않았다면 기회를 살리기 어렵고, 사주가 조심할 때라고 해도 내가 충분히 준비되어 있다면 좋은 결과를 만들어낼 수 있습니다. 예를 들어 사주에서 이성운이 좋다고 해도 아무나 만나선 안 되고, 이성운이 없다고 해서 인연을 포기할 필요는 없습니다. 사주는 참고 자료일 뿐, 모든 결정을 사주에 맡겨서는 안 됩니다. 사주는 가능성과 경향을 제시해 줄 뿐, 결과를 보장해 주지는 않으니까요.

사주를 가장 잘 활용하는 분들을 보면, 사주를 '확률'의 개념으로 이해하는 듯합니다. 이분들은 좋은 운이 온다고 하면 '성공할 확률이 높아졌으니 더 열심히 해보자'라고 생각하고, 어려운 운이 온다고 하면 '조심해서 관리하자'라고 생각합니다.

사주는 한 번 보고 마는, 일회적인 활용 도구가 아닙니다. 오히려 평생에 걸친 과정이지요. 나이가 들고 경험이 쌓이면 사주를 보는 관점도 달라지고, 활용하는 방식도 변화합니다.

20~30대에는 주로 내가 어떤 사람인지, 어떤 길을 가야 하는지를 파악하는 데 사주를 많이 활용합니다. 40~50대에는 관계와 재물 관리에 중점을 두고, 60대 이후에는 건강과 마음의 평안을 찾는 데 집중합니다.

중요한 것은 각 시기마다 사주를 활용하는 목적과 방식을 달리해야 한다는 것입니다. 젊을 때는 도전적으로 활용하고, 나이가 들수록 안정적으로 활용하는 것이 바람직합니다.

지속가능한 사주 활용 원칙

그동안의 경험을 바탕으로 사주 활용의 핵심 원칙을 다섯 가지로 정리해 봤습니다.

첫 번째, 사주는 가능성을 제시하는 것이지 운명을 결정하는 것이 아닙니다. 사주를 보고 '이렇게 될 수밖에 없다'고 생각하지 말고, '이런 가능성이 있구나' 하고 받아들이시기 바랍니다.

두 번째, 복잡한 이론에 매달리지 말고 핵심에 집중해야 합니다. 사주의 본질은 나를 이해하고 올바른 방향을 찾는 것입니다.

세 번째, 사주와 현실의 균형을 맞추기 바랍니다. 사주만 믿고 선 가만히 있으면 안 되고, 사주를 완전히 무시하고 무작정 밀어붙여도 안 됩니다.

네 번째, 사주를 사람을 판단하는 데 사용하지 말고 이해하는 도구로 사용해야 합니다. 차이를 인정하고 존중하는 마음이 중요합니다.

다섯 번째, 평생에 걸쳐 꾸준히 배우고 성장하는 자세를 견지하기 바랍니다. 사주는 한 번 보고 끝나는 커닝 페이퍼가 아니라, 인생 경험이 쌓일 때마다 새로운 깨달음을 주는 학문입니다.

사주는 수천 년 동안 우리 조상들이 축적해 온 인생의 지혜입니다. 이 지혜를 현대적으로 해석하고 실생활에 적용할 때, 우리는 더 나은 선택을 하고 행복한 삶을 살 수 있습니다. 중요한 것은 사주에 얽매이지 않으면서도 그 지혜를 겸손하게 받아들이는 자세입니다.

나쁜 운을 좋은 운으로
바꾸는 방법

+ + +

나쁜 운이 오는 이유를 알 수 있을까?

정말 많은 분들이 "왜 나에게만 이런 일이 계속 생기는 걸까요?" 하고 제게 묻습니다. 천 명이 넘는 분들을 상담하다 보니, 나쁜 운이 오는 이유를 정확히 알아야 해결책도 찾을 수 있다는 걸 느끼게 됐습니다.

사주에서 말하는 나쁜 운의 근본적인 원인은 균형의 깨짐입니다. 우리 몸에 열이 너무 많으면 차갑게 해줘야 하고, 너무 차가우면 따뜻하게 해줘야 하는 것처럼, 사주에서도 한쪽으로 너무 치우치면 문제가 생기기 때문에 균형을 잡아줘야 합니다. 예를 들어 평소에 너무 적극적으로만 살아온 분이라면, 어느 날 신중함이 필요한 시기가 오게 됩니다. 반대로 항상 조심스럽게만 살아온 분이라면, 과감한 결정을 내려야 할 상황이 찾아옵니다. 이때 기존 방식만 고집하면 어려움을 겪게 됩니다.

또 다른 이유는 시기적인 흐름입니다. 대운의 시기가 되면, 이전 시기에 잘 맞았던 방식이 맞지 않을 수 있습니다. 20대에 통했던 방식이 30대에는 안 통하고, 30대에 효과적이었던 방법이 40대에는 역효과를 낼 수 있습니다.

마지막으로 개인의 약점이 드러나는 타이밍입니다. 모든 사람에게는 강한 부분과 약한 부분이 있는데, 인생에는 약한 부분이 시험받는 시기가 반드시 옵니다. 이런 시기를 미리 알고 준비하면 큰 어려움 없이 넘어갈 수 있지만, 모르고 맞이하면 큰 타격을 받을 수 있습니다.

나쁜 운이 왔을 때 가장 먼저 해야 할 일은?

어려운 상황이 닥쳤을 때 사람들이 흔히 하는 실수가 있습니다. 바로 감정적으로 반응하는 것입니다. 화내거나 절망하거나 무작정 더 열심히만 하려는 행동 모두가 상황을 더 악화시킬 수 있습니다. 가장 먼저 해야 할 일은 현재 상황을 정확히 파악하는 겁니다. 감정을 잠시 내려놓고 차분히 분석해 보시기 바랍니다.

"지금 무엇이 문제인가?"

"언제부터 이런 일들이 시작됐나?"

"어떤 패턴이 반복되고 있나?"

제가 상담할 때 자주 사용하는 방법이 있습니다. 바로 문제를 세 가지로 분류하는 겁니다. 첫 번째는 내가 바꿀 수 있는 문제, 두 번째는 영향을 줄 수 있는 문제, 세 번째는 받아들여야 하는 문제입니다. 대부분의 스트레스는 바꿀 수 없는 것을 바꾸려고 하거나, 바꿀 수 있는 것을 포기할 때 생깁니다.

직장에서 상사와의 관계로 어려움을 겪는 상황이라고 상상해 봅시다. 상사의 성격은 바꿀 수 없는 문제입니다. 하지만 내가 대응하는 방식은 바꿀 수 있고, 상사에게 보이는 내 모습이 영향을 줄 수도 있습니다. 이렇게 정리하면 어디에 에너지를 집중해야 할지 명확해집니다.

또한 단기적 생존과 장기적 전략을 구분해야 합니다. 당장 해결해야 할 문제가 있다면 우선 그것부터 처리하되, 근본적인 해결책은 따로 마련해야 합니다. 예를 들어 경제적 어려움이 있다면 당장의 생계 문제를 해결하면서, 동시에 장기적인 수입원을 확보할 방안도 고민해야 합니다.

사주에서 말하는 조화의 원리는 실생활에서도 매우 유용합니다. 내게 부족한 요소가 무엇인지 알았다면, 그것을 어떻게 채울지 고민해야 합니다.

가장 직접적인 방법은 환경을 바꾸는 겁니다. 만약 너무 차분한 성격이라 활동성이 부족하다면, 조금 더 역동적인 환경에 몸을 맡겨보는 식입니다. 반대로 너무 바쁘게 살아서 안정감이 부족하다면, 의도적으로 여유 있는 시간을 만들어보는 거죠.

두 번째는 사람을 통해 부족한 부분을 보완하는 것입니다. 내가 세심하지 못하다면 꼼꼼한 사람과 함께 일하고, 내가 너무 신중하다면 과감한 사람의 조언을 구하면 좋습니다. 이때 중요한 것은 상대방의 장점을 배우려고 노력하는 겁니다.

세 번째는 의도적으로 반대되는 행동을 해보는 것입니다. 평소에 혼자 결정하는 습관이 있다면 다른 사람의 의견을 듣는 연습을 하고, 항상 다른 사람에게 의존하는 경향이 있다면 스스로 결정하는 연습을 해봅시다.

작은 일부터 시작하는 게 좋습니다. 갑자기 큰 변화를 시도하면 스트레스만 늘어날 수도 있거든요. 말수가 적은 사람이라면 하루에 한 번 더 인사하기부터 시작해서, 점차 대화를 늘려가는 거죠.

어려운 시기에 인간관계는 어떻게 관리해야 할까?

어려운 시기일수록 인간관계가 더욱 중요해집니다. 동시에 이 시기에는 인간관계에서 오는 스트레스도 더 크게 느껴집니다. 이때는 관계를 정리할 필요가 있습니다.

첫 번째로 해야 할 일은 나쁜 관계를 정리하는 겁니다. 만날 때마다 에너지를 빼앗아 가는 사람, 부정적인 이야기만 하는 사람, 도움을 받고 싶어 하지만 반대로 주는 것은 없는 사람들과는 거리를 두는 것이 좋습니다. 이런 관계는 어려운 시기에 더 큰 부담이 됩니다.

두 번째는 좋은 관계를 더욱 돈독히 하는 것입니다. 진심으로 나를 걱정해 주는 사람, 필요할 때 도움을 줄 수 있는 사람, 함께 있으면 편안한 사람들과 더 많은 시간을 보내야 합니다. 어려운 시기에는 이런 사람들의 지지가 큰 힘이 됩니다.

새로운 만남이 찾아오면 신중하게 접근해야 합니다. 어려운 시기에 만나는 사람 중에는 약점을 이용하려는 이들이 있을 수 있습니다. 관계를 서둘러서 깊게 하려고 애쓰지 말고, 충분히 시간을 두고 상대방을 파악해 보시기 바랍니다.

특히 금전적인 어려움이 있을 때는 더욱 조심해야 합니다. "도와주겠다"고 하면서 접근하는 사람들 중에는 나중에 더 큰 것을 요구하는 경우가 있습니다. 정말 필요한 도움이라면 명확한 조건을 정하고 받는 것이 좋습니다.

운이 바뀌는 신호는 어떻게 알 수 있을까?

많은 분들이 "언제쯤 좋아질까요?" 하고 묻습니다. 운이 바뀌는 신호를 알아차리는 건 매우 중요한 일입니다. 너무 일찍 움직이면 준비가 부족할 수 있고, 너무 늦게 움직이면 기회를 놓칠 수 있기 때문입니다.

첫 번째 신호는 작지만 좋은 일들이 연속해서 발생하는 것입니다. 길에서 우연히 좋은 사람을 만나거나, 예상치 못한 기회가 생기거나, 막혔던 일이 풀리는 게 그런 예지요. 이런 일들이 며칠 사이에 여러 번 생긴다면 운의 흐름이 바뀌고 있다는 신호입니다.

두 번째는 마음가짐의 변화입니다. 똑같은 상황인데도 이전보다 덜 힘들게 느껴지거나, 새로운 아이디어가 자꾸 떠오르거나,

뭔가 해볼 만하다는 생각이 드는 것입니다. 이런 마음의 변화는 운의 변화를 알려주는 중요한 신호입니다.

세 번째는 주변 사람들의 반응이 달라지는 겁니다. 사람들이 예전보다 나를 긍정적으로 보기 시작하거나, 도움을 주려는 사람이 나타나거나, 새로운 제안을 받게 되거나 하는 거죠. 사람들은 운의 변화를 민감하게 감지하는 경향이 있습니다.

이런 신호들이 보이기 시작하면 조금씩 적극적으로 움직여 봐야 합니다. 하지만 갑자기 큰 결정을 내리지는 말고, 작은 것부터 시도해 보면서 반응을 살펴보는 것이 좋습니다. 운이 바뀌고 있다고 해서 모든 것이 한 번에 해결되는 것은 아니거든요.

지금까지 배운 것을 어떻게 종합적으로 활용할까?

이 책을 통해 우리는 많은 것을 배웠습니다. 1장에서는 운이라는 것이 실제로 존재한다는 것과, 사주가 인생의 방향성을 알려줄 수 있다는 것을 확인했습니다. 2장에서는 내 사주를 직접 확인하고 해석하는 방법을 배웠고요. 3장에서는 돈과 인연, 시기에 대한 구체적인 활용법을 다뤘습니다.

이제 이 모든 것을 하나의 시스템으로 활용해야 합니다. 먼저 내 사주의 기본적인 특성을 파악하고, 현재 자신이 어떤 시기에 있는지 확인해야 합니다. 그다음에는 지금 겪고 있는 문제가 일시적인 것인지 구조적인 것인지 판단합니다. 일시적인 문제라면 시간이 해결해 줄 부분이 많으므로 무리하지 말고 기다리는 것이 좋습니다. 구조적인 문제라면 근본적인 변화가 필요하므로 장기적인 계획을 세워야 합니다.

중요한 것은 사주를 맹신하지도, 완전히 무시하지도 않는 것입니다. 사주는 가능성과 경향성을 알려줄 뿐이고, 실제 결과는 내 선택과 행동에 달려 있습니다. 사주를 참고해서 더 현명한 선택을 하되, 결과에 대한 책임은 자신이 진다는 자세와 각오가 필요합니다.

혼자서 모든 것을 해결하려고 하지 말기 바랍니다. 내가 부족한 부분은 다른 사람의 도움을 받고, 내가 잘할 수 있는 부분은 다른 사람을 도와주는 것이 사주의 진정한 활용법입니다.

마지막으로, 조급해해서는 안 됩니다. 인생은 마라톤과 같습니다. 한 번에 모든 것이 해결되지 않기에, 오랫동안 계속해서 꾸준히 나아가야 하지요. 사주를 통해 큰 방향을 잡고, 그 방향으로 꾸준히 달려가다 보면 분명히 원하는 결과를 얻을 수 있을 겁니다.

사주를 활용한
나만의 미래 계획 세우기

+ + +

사주로 보는 미래 계획의 의미

사주를 안다는 건 단순히 운명을 아는 게 아닙니다. 자신만의 고유한 리듬과 패턴을 이해하고, 그에 맞는 삶의 방향을 찾아가는 것입니다. 저는 상담을 하면서 모든 사람에게 똑같은 방법이 통하지는 않는다는 사실을 매 순간 깨닫고 있습니다. 어떤 사람에게는 공격적인 투자가 맞고, 어떤 사람에게는 안정적인 저축이 맞습니다. 어떤 사람은 많은 사람들과 어울려야 에너지를 얻고, 어떤 사람은 혼자만의 시간을 보내야 충전이 됩니다.

사주의 핵심은 바로 이런 '나다움'을 찾는 겁니다. 내가 타고난 기운이 무엇인지, 어떤 환경에서 가장 빛을 발하는지, 무엇을 조심해야 하는지를 파악하는 것이 진정한 미래 계획의 시작입니다. 남들이 성공한 방법을 무작정 따라 하다가 실패하는 이유도 여기에 있습니다. 나무의 성질을 가진 사람이 금속의 방법을 따라 하면 맞지 않는 옷을 입은 것처럼 불편할 수밖에 없습니다.

사주에서는 사람을 열 가지 일간으로 구분합니다. 갑목과 을목은 나무의 성질을, 병화와 정화는 불의 성질을, 무토와 기토는 흙의 성질을, 경금과 신금은 금속의 성질을, 임수와 계수는 물의 성질을 가지고 있습니다. 각각의 일간이 지닌 특성과 장단점을 이해하면 자신에게 맞는 인생 계획을 세울 수 있습니다.

사주로 읽는 나의 핵심 가치

사주를 통해 알 수 있는 영역은 크게 네 가지로 나눌 수 있습니다. 재물, 결혼, 인간관계, 건강입니다. 이 네 영역은 서로 독립된 것이 아니라 유기적으로 연결되어 있습니다. 건강해야 일을 잘할 수 있고, 좋은 인간관계가 있어야 기회가 오며, 가정이 안정적이어야 마음 편히 일에 집중할 수 있습니다.

먼저 재물관을 살펴볼까요? 각 일간마다 돈을 대하는 태도가 다릅니다. 갑목은 돈을 성장의 도구로 봅니다. 투자를 통해 더 큰 가치를 만들어내려고 하죠. 을목은 돈을 안정의 수단으로 여깁니다. 급신적인 변화보다는 꾸준한 축적을 선호합니다.

병화는 돈을 에너지로 봅니다. 돈이 있으면 쓰고, 없으면 벌면 된다는 낙천적인 태도를 보이죠. 정화는 돈을 감정적 안정의 도구로 생각합니다. 돈이 있어야 마음이 편안합니다.

무토는 돈을 저축하고 보관하는 것을 중시합니다. 미래를 위한 준비를 철저히 하지요. 기토는 돈을 세밀하게 관리합니다. 가계부를 쓰고 예산을 짜는 걸 좋아합니다.

경금은 돈을 명확한 기준으로 판단합니다. 가치 있는 곳에만 투자합니다. 신금은 돈을 품격의 수단으로 봅니다. 자신의 가치를 높이는 데 아낌없이 투자하거든요.

임수는 돈을 유동적으로 관리합니다. 상황에 따라 유연하게 대처하지요. 계수는 돈을 신중하게 다룹니다. 충분히 고민한 후에 결정을 내립니다.

인간관계관에서도 차이가 뚜렷합니다. 갑목은 직선적이고 솔직한 관계를 선호합니다. 을목은 부드럽고 조화로운 관계를 추구합니다. 병화는 밝고 활발한 관계를 좋아합니다. 정화는 깊고 감성적인 관계를 원합니다. 무토는 믿음직하고 안정적인 관계를 중시합니다. 기토는 세심하고 배려 깊은 관계를 만듭니다. 경금은 원칙적이고 공정한 관계를 추구합니다. 신금은 품격 있고 우아한 관계를 선호합니다. 임수는 자유롭고 포용적인 관계를 좋아합니다. 계수는 깊이 있고 의미 있는 관계를 추구합니다.

일간별 재물 관리 전략

재물 관리에 있어서 가장 중요한 건 자신의 성향에 맞는 방법을 찾는 것입니다.

갑목과 을목은 성장형 재물 관리가 적합합니다. 갑목은 큰 나무처럼 장기적인 성장을 추구해야 합니다. 단기적인 수익보다는 10년 후, 20년 후를 내다보는 투자가 유리합니다. 성장 가능성이 있는 기업이나 부동산에 투자하고, 꾸준히 자기 계발에도 투자하는 것이 좋습니다. 실패를 두려워하지 말고 도전하되, 전 재산을 한 번에 걸지 않고 분산 투자하는 지혜가 필요합니다. 을목은 덩굴처럼 안정적이면서도 유연한 재물 관리가 필요합니다. 혼자 모든 것을 해결하려 하지 말고, 믿을 만한 파트너나 전문가의 도움을 받는 것이 좋습니다. 적금이나 펀드처럼 꾸준히 불어나는 상품을 선호하니, 급격한 변화보다는 점진적인 성장을 추구해야 합니다. 네트워크를 통한 기회 포착에 능하므로, 좋은 인맥을 유지하는 것도 재물 관리의 일부입니다.

병화와 정화는 투자형 재물 관리가 어울립니다. 병화는 태양처럼 과감하고 적극적인 투자를 할 수 있습니다. 하지만 너무 낙관적이어서 위험을 간과할 수 있으니, 반드시 손실 한도를 정해두어야 합니다. 여러 사람과 함께하는 사업이나 프랜차이즈 시스템 분야에서 성공할 가능성이 높습니다. 단, 감정적인 접근보다는 객관적인 분석을 바탕으로 투자 결정을 내려야 한다는 걸 기억해야 합니다. 정화는 촛불처럼 작지만 꾸준한 투자를 선호합니다. 한 번에 큰돈을 투자하기보다는 적은 금액으로 여러 번 나누어 투자하는 것이 좋습니다. 감정적으로 끌리는 투자처를 선택하는 경향이 강하므로, 투자 전에 스스로 충분한 조사와 검토가 필요합니다. 예술품이나 골동품처럼 감성적 가치가 있는 분야에 관심을 가져보는 것도 좋습니다.

무토와 기토는 안정형 재물 관리에 강점이 있습니다. 무토는 큰 산처럼 든든한 자산을 쌓아가는 것을 목표로 해야 합니다. 부동산이나 안정적인 배당주 같은 실물 자산에 투자하고, 은행 예금이나 국채 같은 안전 자산에도 적절히 배분하는 게 좋습니다. 한번 결정한 투자는 쉽게 바꾸지 않는 것이 현명하며, 장기적인 관점에서 꾸준히 유지하는 것이 중요합니다. 기토는 정원처럼 세심하게 가꾸는 재물 관리가 어울립니다. 가계부를 작성하고 예산을 세우며, 지출을 통제하는 습관을 들여야 합니다. 작은 돈도 소중히 여기고, 불필요한 지출을 줄이는 노력이 필요합니다. 안정적인 수익을 추구하되, 인플레이션을 고려한 투자도 병행해야 합니다. 전문가의 조언을 구하되, 최종 결정은 자신이 내리는 것이 좋습니다.

경금과 신금은 체계형 재물 관리를 추구해야 합니다. 경금은 칼처럼 명확한 기준을 가지고 투자해야 합니다. 감정이 아닌 숫자와 데이터를 바탕으로 결정을 내리고, 손절매 기준을 명확히 정해두어야 합니다. 우량주나 인덱스 펀드처럼 검증된 투자처를 선호하기에, 투기보다는 투자에 집중해야 합니다. 정기적으로 포트폴리오를 점검하고 리밸런싱하는 습관이 중요합니다. 신금은 보석처럼 가치 있는 곳에 투자해야 합니다. 명품이나 귀금속, 예술품처럼 시간이 지나도 가치가 유지되거나 상승하는 자산을 선호합니다. 자신의 이미지와 품격을 높이는 투자도 아끼지 않아야 합니다. 하지만 겉치레에만 치중하지 말고, 실질적인 가치가 있는지 냉정하게 판단해야 합니다.

임수와 계수는 유연형 재물 관리가 적합합니다. 임수는 바다처럼 큰 그릇으로 재물을 관리해야 합니다. 한 가지 방법만 고집하지 말고, 시장 상황에 따라 유연하게 대처해야 합니다. 글로벌 투자나 대체 투자 같은 다양한 옵션을 고려하고, 위기를 기회로 바꾸는 안목을 기르는 것이 중요합니다. 네트워크를 통한 정보 수집에 능하므로, 이를 잘 활용해야 합니다. 계수는 지하수처럼 깊이 있는 재물 관리가 필요합니다. 충동적인 투자보다는 충분한 연구와 분석 후에 결정을 내려야 합니다. 남들이 모르는 숨은 가치를 발견하는 능력이 있으므로, 가치 투자나 역발상 투자에서 성과를 낼 수 있습니다. 하지만 너무 신중해서 기회를 놓치지 않도록 주의해야 합니다.

사주로 보는 결혼과 배우자

결혼은 인생에서 가장 중요한 결정 중 하나지요. 사주를 통해 자신에게 맞는 배우자 상을 알고, 어떤 관계를 만들어가야 할지 방향을 잡을 수 있습니다. 각 일간별로 이상적인 배우자의 특징과 관계 형성 방법이 다릅니다.

갑목은 자신을 이해하고 지지해 주는 배우자가 필요합니다. 갑목의 직선적이고 추진력 있는 성격을 인정하면서도, 때로는 브레이크 역할을 해줄 수 있는 사람이 좋습니다. 정화나 기토처럼 부드럽고 포용력 있는 배우자와 잘 맞습니다. 결혼 생활에서는 배우자의 의견을 충분히 듣고 존중하는 자세가 필요합니다.

을목은 자신을 보호하고 안정감을 주는 배우자를 원합니다. 을목의 유연하고 섬세한 성격을 이해하고, 든든한 버팀목이 되어줄 수 있는 사람이 이상적입니다. 갑목이나 무토처럼 안정적이고 책임감 있는 배우자와 조화를 이룹니다. 결혼 생활에서는 서로 의지하고 협력하는 관계를 만들어가야 합니다.

병화는 함께 성장할 수 있는 배우자가 맞습니다. 병화의 열정을 함께 나누고, 새로운 도전을 즐길 수 있는 사람이 좋습니다. 갑목이나 을목 같은 성장 지향적인 배우자가 잘 어울립니다. 결혼 생활에서는 서로 격려하고 응원하는 관계를 유지해야 합니다.

정화는 감정적으로 깊이 교감할 수 있는 배우자가 어울립니다. 정화의 섬세한 감성을 이해하고, 따뜻한 사랑을 나눌 수 있는 사람이 이상적입니다. 갑목이나 임수처럼 포용력 있는 배우자와 조화를 이룹니다. 결혼 생활에서는 일상의 작은 것들에도 의미를 부여하면서 낭만을 잃지 않는 것이 중요합니다.

무토는 신뢰할 수 있고 성실한 배우자가 맞습니다. 무토의 안정 지향적인 성격을 이해하고, 함께 든든한 가정을 만들어갈 수 있는 사람이 좋습니다. 병화나 을목처럼 활기차면서도 안정적인 배우자와 잘 맞습니다. 결혼 생활에서는 서로 믿고 의지하는 관계를 만들어가야 합니다.

기토는 세심하고 배려심 깊은 배우자와 어울립니다. 기토의 완벽주의적 성향을 이해하면서도, 여유를 가질 수 있도록 도와주는 사람이 이상적입니다. 병화나 갑목처럼 긍정적이고 활발한 배우자와 균형을 이룹니다. 결혼 생활에서는 서로의 노력을 인정하고 감사하는 마음을 표현해야 합니다.

경금은 원칙적이면서도 합리적인 배우자가 필요합니다. 경금의 명확한 기준을 존중하면서도, 유연성을 발휘할 수 있는 사람이 좋습니다. 임수나 정화처럼 부드럽고 이해심 많은 배우자와 조화를 이룹니다. 결혼 생활에서는 서로의 개성을 인정하고 독립적인 공간도 보장해야 합니다.

신금은 품격 있고 교양 있는 배우자를 원합니다. 신금의 우아한 취향을 공유하고, 함께 아름다운 삶을 만들어갈 수 있는 사람이 이상적입니다. 임수나 계수처럼 깊이 있고 지적인 배우자와 잘 어울립니다. 결혼 생활에서는 서로를 존중하고 품위 있는 관계를 유지해야 합니다.

임수는 자유롭고 이해심 많은 배우자가 맞습니다. 임수의 변화무쌍한 성격을 받아들이고, 함께 다양한 경험을 즐길 수 있는 사람이 좋습니다. 병화나 정화처럼 따뜻하고 포용력 있는 배우자와 조화를 이룹니다. 결혼 생활에서는 서로의 자유를 존중하면서도 깊은 신뢰를 쌓아가야 합니다.

계수는 깊이 있고 진실한 배우자와 어울립니다. 계수의 내면을 이해하고, 정신적으로 교감할 수 있는 사람이 이상적입니다. 갑목이나 신금처럼 진중하고 신뢰할 수 있는 배우자와 잘 맞습니다. 결혼 생활에서는 겉모습보다 내면의 교감을 중시하고, 서로의 성장을 도와야 합니다.

오행으로 풀어보는 인간관계

인간관계는 서로 돕고 견제하는 관계라고 말씀드렸지요? 나무는 불을 키우고, 불은 재가 되어 흙을 만들며, 흙은 금속을 품고, 금속은 물을 맺히게 하며, 물은 나무를 자라게 합니다. 이런 순환 관계를 이해하면 어떤 사람과 잘 맞는지, 어떤 관계에서 주의해야 하는지 알 수 있습니다.

갑목과 을목은 불의 기운을 가진 사람과 좋은 관계를 맺을 수 있습니다. 자신의 성장 에너지를 받아서 빛내줄 수 있기 때문입니다. 반면 금속의 기운이 강한 사람들과는 갈등이 생기기 쉽습니다. 서로의 차이를 인정하고 조율하려는 노력이 필요합니다.

병화와 정화는 나무의 기운을 가진 사람들로부터 에너지를 받습니다. 또한 흙의 기운을 가진 사람들에게 좋은 영향을 줄 수 있습니다. 물의 기운이 강한 사람들과는 서로 견제하는 관계가 될 수 있으므로, 적절한 거리를 유지하는 것이 좋습니다.

무토와 기토는 불의 기운으로부터 따뜻함을 받고, 금속의 기운을 길러줄 수 있습니다. 나무의 기운이 너무 강한 사람들과는 부담스러운 관계가 될 수 있으므로, 서로 속도를 맞춰가는 것이 중요합니다.

경금과 신금은 흙의 기운으로부터 안정감을 얻고, 물의 기운에게 맑음을 전달할 수 있습니다. 불이 강한 사람들과는 충돌이 있을 수 있으므로, 서로 이해하려는 노력이 필요합니다.

임수와 계수는 금속의 기운으로부터 맑음을 받고, 나무의 기운을 키워줄 수 있습니다. 흙의 기운이 강한 사람들과는 답답함을 느낄 수 있으므로, 적절한 소통 방법을 찾아야 합니다.

자신에게 부족한 기운을 가진 사람들과 관계를 맺으면 서로 약점을 보완하며 성장할 수 있습니다. 불의 기운이 부족한 사람이라면 밝고 활발한 사람들과 어울리면서 에너지를 얻을 수 있고, 물의 기운이 부족한 사람이라면 지혜롭고 유연한 사람들로부터 배울 점이 많지요. 사주를 통해 현명한 관계를 맺어봅시다.

사주에 맞는 건강 관리법

건강은 모든 것의 근본입니다. 사주를 통해 타고난 체질과 주의 할 점을 알고 관리하면 더 건강한 삶을 살 수 있습니다.

각 기운은 우리 몸의 장기와 연결되어 있습니다. 나무의 기운은 간과 담, 근육과 힘줄을 관장합니다. 나무의 기운이 강한 사람은 간 기능이 활발하지만, 스트레스를 받으면 간에 무리가 갈 수 있습니다. 화를 자주 내거나 과로하지 않도록 주의하고, 신맛 나는 음식은 적당히 섭취해야 합니다. 또한 스트레칭이나 요가로 근육의 긴장을 풀어주는 것이 좋습니다.

불의 기운은 심장과 소장, 혈액 순환을 담당합니다. 불의 기운이 강한 사람은 혈액 순환이 활발하지만, 고혈압이나 심장 질환에 주의해야 합니다. 자극적인 음식은 피하고, 수분 섭취로 열을 식혀주어야 합니다. 과도한 흥분이나 격한 감정은 심장에 무리를 줄 수 있으므로 마음의 평정을 유지하는 것이 중요합니다.

흙의 기운은 비장과 위, 소화 기능을 관리합니다. 흙의 기운이 강한 사람은 소화력이 좋지만, 과식하기 쉽고 비만이 될 가능성이 있습니다. 식사 시간을 규칙적으로 지키고, 단 음식을 과도하게 섭취하지 않도록 주의해야 합니다. 습한 환경은 피하고, 적당한 운동으로 신진대사를 활발하게 유지해야 합니다.

금속의 기운은 폐와 대장, 호흡 기능을 담당합니다. 금속의 기운이 강한 사람은 호흡기가 예민하여 감기에 자주 걸리고 알레르기가 있을 수 있습니다. 건조한 환경을 피하고, 충분한 수분으로 폐를 촉촉하게 유지해야 합니다. 매운 음식은 적당히 섭취하고, 깊은 호흡을 통해 폐 기능을 강화하는 것이 좋아요.

물의 기운은 신장과 방광, 생식 기능을 관장합니다. 물의 기운이 강한 사람은 신장 기능이 활발하지만, 과로하면 쉽게 지칠 수 있습니다. 짠 음식을 과도하게 섭취하지 않도록 주의하고, 충분한 휴식으로 원기를 회복해야 합니다. 하체 운동을 통해 신장 기능을 강화하고, 따뜻한 음식으로 몸을 보온하는 것도 좋습니다.

태어난 계절도 건강 관리에 중요한 요소입니다. 봄에 태어난 사람은 나무의 기운이 강하므로 간 건강에 신경 써야 하고, 여름에 태어난 사람은 불의 기운이 강하므로 심장 건강을 챙겨야 합니다. 가을에 태어난 사람은 금속의 기운이 강하므로 호흡기 관리가 중요하고, 겨울에 태어난 사람은 물의 기운이 강하므로 신장 건강에 주의해야 합니다.

사주 활용의
궁극적 목표

+ + +

수신제가치국평천하의 실천

사주를 활용한 미래 계획의 궁극적인 목표는 '수신제가치국평천하(修身齊家治國平天下)'의 실현입니다. 이는 단순히 개인의 성공을 넘어서, 가정과 사회, 나아가 세상 전체와 조화를 이루며 살아가는 것을 의미합니다.

수신(修身)은 자신을 닦는 것입니다. 자신의 사주를 정확히 알고, 강점은 살리고 약점은 보완하려는 노력이 필요합니다. 매일 자신을 돌아보고, 더 나은 사람이 되기 위해 노력하는 것이 수신의 시작입니다. 일간별 특성에 맞는 자기 계발 방법을 찾고, 꾸준히 실천하는 것이 중요합니다.

제가(齊家)는 가정을 다스리는 것입니다. 가족 구성원 각자의 사주를 파악하고, 서로의 차이를 인정하며 조화로운 가정을 만들어가야 합니다. 배우자와의 관계에서는 서로의 기운을 보완하고, 자녀와의 관계에서는 각자의 타고난 성향을 존중하며 키워나가는 지혜가 필요합니다.

치국(治國)은 자신이 속한 조직과 사회에서 제 역할을 다하는 것입니다. 직장에서는 동료들과 조화롭게 일하고, 사회에서는 자신의 재능을 나누며 기여하는 것이죠. 각자의 사주에 맞는 직업을 찾고, 그 분야에서 전문성을 발휘하여 사회 발전에 이바지하는 것이 치국의 실천입니다.

평천하(平天下)는 세상과 조화를 이루는 것입니다. 자신의 행복만을 추구하는 데 그치지 않고, 모든 사람이 자신의 사주에 맞는 삶을 살 수 있도록 돕는 것입니다. 사주의 지혜를 나누고, 서로 다른 사람들이 조화롭게 살아갈 수 있는 세상을 만드는 데 기여하는 것이 평천하의 목표입니다.

일간별 인생 통합 전략

각 일간별로 재물, 결혼, 인간관계, 건강의 네 영역을 통합 관리하는 전략이 다릅니다. 자신의 일간 특성을 중심으로 일관성 있는 인생 계획을 세우는 것이 중요합니다.

갑목은 '성장과 발전'을 핵심 키워드로 삼아야 합니다. 재물은 장기 투자로, 결혼은 함께 성장하는 파트너십으로, 인간관계는 건설적인 네트워크로, 건강은 활동적인 생활로 관리합니다. 모든 영역에서 정체되지 않고 발전하려는 의지가 중요합니다.

을목은 '조화와 협력'을 중심으로 계획을 세워야 합니다. 재물은 안정적인 협력을 통해, 결혼은 상호 보완적 관계로, 인간관계는 부드러운 소통으로, 건강은 균형 잡힌 생활로 유지합니다. 혼자보다는 함께하는 힘을 믿고 실천하는 것이 핵심입니다.

병화는 '열정과 리더십'을 바탕으로 통합 전략을 구상합니다. 재물은 적극적 투자로, 결혼은 서로 격려하는 관계로, 인간관계는 긍정적 영향력으로, 건강은 활발한 에너지 발산으로 관리합니다. 자신의 밝은 에너지로 주변을 밝히는 역할을 해야 합니다.

정화는 '감성과 깊이'를 추구하며 계획을 세웁니다. 재물은 신중한 선택으로, 결혼은 깊은 교감으로, 인간관계는 진심 어린 소통으로, 건강은 마음의 안정으로 다스립니다. 겉모습보다 내면의 충실함을 중시해야 합니다.

무토는 '안정과 포용'을 기본으로 삼습니다. 재물은 안전한 자산으로, 결혼은 든든한 버팀목으로, 인간관계는 포용력 있는 태도로, 건강은 규칙적인 관리로 유지합니다. 급한 변화보다는 꾸준한 유지와 성장을 추구해야 합니다.

기토는 '세심함과 완성도'를 중시합니다. 재물은 꼼꼼한 관리로, 결혼은 세심한 배려로, 인간관계는 신뢰 구축으로, 건강은 예방 중심으로 접근합니다. 작은 것도 소홀히 하지 않는 정성이 큰 결과를 만듭니다.

경금은 '원칙과 공정함'을 지향합니다. 재물은 명확한 기준으로, 결혼은 상호 존중으로, 인간관계는 공정한 태도로, 건강은 체계적 관리로 유지합니다. 감정보다는 이성적 판단을 중시하되, 유연성도 갖춰야 합니다.

신금은 '품격과 조화'를 추구합니다. 재물은 가치 있는 투자로, 결혼은 우아한 파트너십으로, 인간관계는 품위 있는 교류로, 건강은 몸과 마음의 균형으로 관리합니다. 외면과 내면의 아름다움을 함께 가꿔야 합니다.

임수는 '포용과 유연성'을 바탕으로 합니다. 재물은 다양한 시도로, 결혼은 자유로운 관계로, 인간관계는 폭넓은 교류로, 건강은 스트레스 관리로 유지합니다. 변화를 두려워하지 않고 받아들이는 자세가 필요합니다.

계수는 '깊이와 직관'을 중심으로 삼습니다. 재물은 심사숙고한 결정으로, 결혼은 정신적 교감으로, 인간관계는 의미 있는 만남으로, 건강은 내면의 평화로 추구합니다. 남들이 보지 못하는 깊이를 추구하는 것이 강점입니다.

계절과 대운에 따른 실천법

사주의 원리를 일상에 적용할 때는 계절의 변화와 10년 단위로 바뀌는 대운의 흐름을 함께 고려해야 합니다. 이는 마치 날씨에 맞춰 옷을 입듯이, 시기에 맞는 계획과 실천이 필요하다는 뜻입니다.

봄은 새로운 시작의 계절입니다. 나무의 기운이 강해지므로 새로운 프로젝트를 시작하거나 투자를 늘리기 좋은 시기입니다. 인간관계도 새롭게 확장하고, 건강을 위해서 겨울 동안 쌓인 독소를 배출하는 디톡스를 실천하는 게 효과적입니다. 특히 나무의 기운이 부족한 사람은 이 시기를 적극 활용해야 합니다.

여름은 활발한 활동의 계절입니다. 불의 기운이 왕성하므로 적극적인 영업이나 마케팅, 네트워킹에 유리합니다. 결혼이나 연애도 진전이 있을 수 있습니다. 다만 불의 기운이 강한 사람은 과도한 활동으로 번아웃이 되지 않도록 주의해야 합니다.

가을은 수확과 정리의 계절입니다. 금속의 기운이 강해지므로 그동안의 성과를 평가하고, 불필요한 것들을 버리기 좋습니다. 재무 상태를 점검하고, 인간관계도 정리가 필요하다면 과감히 끊어버리는 것이 좋습니다. 금속의 기운이 부족한 사람은 체계를 잡는 노력이 필요합니다.

겨울은 휴식과 준비의 계절입니다. 물의 기운이 강하므로 내년을 위한 계획을 세우고, 가족과의 시간을 늘리며, 충분한 휴식을 취해야 합니다. 지나친 활동보다는 내실을 다지는 것이 중요합니다. 물의 기운이 부족한 사람은 이 시기에 충분히 쉬어야 합니다.

10년 단위로 바뀌는 대운의 변화도 중요합니다. 자신에게 유리한 운이 올 때는 적극적으로 도전하고 확장하는 계획을 세우고, 어려운 운이 올 때는 내실을 다지고 준비하는 시간으로 활용해야 합니다. 이 큰 흐름은 인생의 방향을 보여주므로, 미리 알고 준비하면 더 효과적인 인생 계획을 세울 수 있습니다.

실천을 위한 구체적 가이드

아무리 좋은 계획도 실천하지 않으면 의미가 없습니다. 사주를 활용한 미래 계획을 일상에서 실천하는 방법을 알려드립니다.

매일 아침 5분씩 자신의 일간 특성을 되새기며 하루를 시작해 봅시다. 갑목이라면 "오늘도 성장하자", 병화라면 "밝게 빛나자", 무토라면 "든든하게 지키자" 같은 자신만의 모토를 정하고 되뇌는 것이 좋습니다. 단순하고 간단한 방법이지만, 일관성 있는 삶을 살아가는 데 큰 도움이 됩니다.

매주 일요일 저녁에는 한 주를 돌아보고 다음 주를 계획하는 시간을 가집시다. 재물, 가족, 인간관계, 건강의 네 영역에서 각각 어떤 일이 있었는지 점검하고, 부족했던 부분을 다음 주에 보완할 계획을 세웁니다. 이때 너무 많은 목표를 세우지 말고, 각 영역별로 하나씩만 정하는 것이 좋습니다.

매월 마지막 날에는 한 달 동안의 성과와 반성을 정리합니다. 목표 달성률을 확인하고, 잘된 점과 아쉬운 점을 분석하여 다음 달 계획에 반영합니다. 특히 자신의 사주에서 약한 부분이 무엇인지 파악하고, 이를 보완할 구체적인 방법을 찾아 실천하는 것이 중요합니다.

매년 연말에는 1년을 종합적으로 평가하고 내년 계획을 세웁니다. 올해의 운세가 어땠는지, 내년의 운세는 어떻게 될지 미리 파악하고, 그에 맞는 목표와 전략을 수립합니다. 이때 지나치게 욕심내지 말고, 실현 가능한 목표를 세우는 것이 지속가능한 성장의 비결입니다. 중요한 것은 완벽을 추구하지 않는 것입니다. 80% 정도만 실천해도 충분합니다. 나머지 20%는 예상치 못한 상황이나 새로운 기회를 위한 여유분으로 남겨두세요. 삶은 계획대로만 흘러가지 않으며, 때로는 계획하지 않은 곳에서 더 큰 행운이 찾아오기도 합니다.

마지막으로, 혼자서 모든 것을 해결하려 하지 마세요. 가족이나 친구, 전문가의 도움을 받는 것도 지혜입니다. 특히 자신과 궁합이 맞는 기운을 가진 사람들과 교류하면서 부족한 부분을 채워나가는 것이 중요합니다. 사주는 고정된 운명이 아니라, 더 나은 삶을 위한 나침반임을 기억하세요.

사주를 활용한 미래 계획은 단순히 미래를 예측하는 것이 아닙니다. 자신의 타고난 성향과 리듬을 이해하고, 그에 맞는 삶의 방식을 찾아가는 과정입니다. 각자가 가진 고유한 색깔을 인정하고, 그것을 아름답게 발현시키는 것이 진정한 성공이며 행복입니다. 사주가 가리키는 방향을 따라, 여러분만의 아름다운 인생 그림을 그려나가시길 응원합니다.

운명은 있다 그러나 선택도 있다

+ + +

이 책을 마무리하며

긴 여행이 끝나갑니다. 1장에서는 사주가 어떻게 절망에 빠진 사람에게 희망을 주고 막막한 인생에 새로운 방향을 제시할 수 있는지 살펴봤습니다. 2장에서는 복잡해 보이는 사주를 쉽게 이해하고 활용할 수 있는 방법을 배웠고요. 그리고 3장에서는 돈과 인연, 타이밍에 대한 현실적이고 구체적인 사주 활용법을 다뤘습니다. 마지막 4장에서는 지금까지 배웠던 것을 토대로 운을 활용하여 미래를 준비하는 전략에 대해 알아봤습니다.

이 모든 과정을 통해 제가 전하고 싶은 메시지는 단 하나입니다. 사주는 정해진 길을 따르라고 강요하는 운명이 아니라, 선택을 도와주는 도구라는 것입니다.

이 책을 집필하면서 많은 것을 다시 한번 생각해 봤습니다. 지난 10년간 천 명이 넘는 분들과 나눈 상담들, 거기에서 들은 수

많은 인생 이야기들, 그리고 제가 사주를 통해 얻게 된 깨달음들……. 이 모든 것들은 결국 한 가지 답을 향합니다. 사주는 '더 나은 선택'을 할 수 있게 돕는 나침반이라는 것이죠.

흥미로운 사실이 하나 있습니다. 사주를 배우고 활용하는 이들 중 삶에 만족하는 사람에게는 공통점이 한 가지 있습니다. 그 지혜를 자신만 알고 끝내는 것이 아니라 주변 사람들과 함께 공유하고 더불어 성장해 나가고 있다는 사실입니다.

가족 사주를 함께 보면서 서로를 더 깊이 이해하고, 친구들과 사주 이야기를 나누면서 더 끈끈한 관계를 만들어나갑니다. 동료들의 강점을 파악해서 업무 분담을 효율적으로 합니다.

반대로 혼자만 알고 있는 사람에겐 어딘지 헛헛함이 있습니다. 좋은 걸 발견했는데 나누지 못하는 답답함, 소중한 사람이 잘못된 선택을 할 때 도와주지 못하는 아쉬움, 이런 감정들 말이죠. 왜 그럴까 생각해 보면 답은 명확합니다. 사주라는 것 자체가 관계와 소통에 관한 학문이기 때문입니다. 사주는 혼자만을 위한 지식이 아니라 더 나은 관계, 더 조화로운 공동체를 만들기 위한 지혜입니다.

자연스럽게 퍼져나가는 선순환

사주를 이해하게 되면 자연스럽게 주변 사람들의 사주가 궁금해집니다. '우리 엄마는 왜 이런 성격일까?', '왜 저 친구와는 이상하게 잘 맞을까?', '저 동료와 자꾸 마찰이 생기는 이유는 뭐지?' 같은 질문들이 떠오르곤 하지요.

그리고 그 답을 찾아가는 과정에서 놀라운 일들이 벌어집니다. 이해할 수 없었던 가족의 행동이 단번에 이해가 되고, 힘들었던 인간관계에서 해결책이 보이며, 새로운 만남에서도 더 현명하게 대처할 수 있게 됩니다.

이런 변화를 직접 경험하다 보면 저절로 나누고 싶어집니다. 억지로 권하는 것이 아니라 자연스럽게 '너도 한번 봐봐, 정말 신기해' 하고 말하고픈 마음이 생기는 거죠. 그리고 그렇게 함께 알아가는 과정에서 모든 사람이 더 행복해집니다.

특히 가족 관계에서 나누고픈 마음이 더욱 커집니다. 부모와 자녀가 서로의 사주를 이해하게 되면 불필요한 갈등이 줄어들고, 부부는 서로를 더 배려하게 됩니다. 형제자매 간에도 '아, 그래서 동생이 저런 스타일이구나' 하며 이해의 폭이 넓어집니다.

인생의 나침반으로서의 사주

혼자만 나침반을 가지고 있으면 방향은 알 수 있지만 외로운 여행을 하게 됩니다. 하지만 함께 가는 사람들이 모두 나침반을 가지고 있다면 어떨까요? 서로 확인하며 더 정확한 길을 찾을 수 있고, 때로는 서로 다른 길을 가더라도 이해하고 응원할 수 있습니다. 사주는 이처럼 '공유되는 나침반'일 때 진짜 위력을 발휘합니다.

회사에서도 마찬가지입니다. 팀원들이 서로의 사주적 특성을 이해하고 있으면 업무 배분이나 소통 방식을 훨씬 효율적으로 정할 수 있습니다. 누구는 세밀한 작업에 능하고, 누구는 큰 그림 그리는 것을 잘하며, 누구는 사람들 사이를 조율하는 능력이 뛰어나다는 걸 미리 알 수 있으니까요.

이 책을 읽으신 분들은 이제 특별한 렌즈를 하나 더 갖게 되셨습니다. 사람과 상황을 바라보는 새로운 관점을 얻으신 겁니다. 이 렌즈로 세상을 바라보면 많은 것들이 이전과 다르게 보일 겁니다.

이 렌즈의 진짜 가치는 혼자 사용할 때보다 다른 사람들과 함께 사용할 때 제대로 나타납니다. 마치 망원경이 여러 개가 있을 때 우주를 더 폭넓게 관측할 수 있는 것처럼 말이죠.

여러분 주변에도 분명 인생의 방향을 잡지 못해 고민하는 분들이 있을 겁니다. 좋은 사람인데 뭔가 답답해 보이는 분들이나 재능은 있는데 방향을 못 찾는 분들, 열심히 하는데 결과가 안 나오는 분들 말이죠. 여러분들의 배움을 그런 분들과 함께 나눠 보길 바랍니다.

하지만 억지로 권할 필요는 없습니다. 그저 여러분 자신이 더 현명한 선택을 하고, 더 조화로운 관계를 만들어나가는 모습을 보여주기만 해도 됩니다. 자연스럽게 "어떻게 그렇게 잘 판단하나요?", "사람들과 잘 지내는 비결이 뭔가요?" 하고 질문을 받게 될 테니까요.

이 책은 끝났지만 진짜 여행은 이제 시작입니다. 배운 것들을 실제 삶에 적용해 보고, 그 과정에서 더 깊은 깨달음을 얻으며, 그 경험들을 자연스럽게 주변으로 퍼뜨려 나가는 여행 말입니다. 이제 시간이 지나면서 여러분 주변에는 비슷한 관점을 가진 사람들이 모이게 될 겁니다. 서로를 이해하고 배려하며, 각자의 강점을 살려 함께 성장해 나가는 사람들 말이죠. 그리고 그렇게 만들어진 관계들은 단순한 연락처 속 인맥이 아니라, 여러분의 진정한 동반자가 될 겁니다.

더 풍요로운 삶을 누리고, 그 풍요로움을 자연스럽게 주변으로 퍼뜨려나가는 인생을 살길 바랍니다. 혼자만 잘 사는 것이 아니라 함께 잘 사는 것, 그것이 진정한 행복입니다. 이 책을 통해 얻은 지혜가 그런 행복을 만드는 씨앗이 되었으면 좋겠습니다.

모든 분들의 앞날에 좋은 운이 함께하기를 진심으로 기원합니다.

감사합니다.

부록

운을 끌어당기는
초년운, 중년운, 말년운
전략

초년운에서 중요한 것 - 진로

+ + +

왜 20~30대의 진로 선택이 인생을 좌우하는가

사주에서 초년운이라고 하는 시기는 대략 20대부터 30대까지를 말합니다. 이 시기에는 인생에서 가장 중요한 기반을 만들지요. 학업을 마친 뒤 사회에 첫발을 내딛고, 평생 어떤 일을 할지 결정을 내리는 시기이기도 합니다.

많은 분들이 이 시기에 '일단 취업부터 하고 보자', '안정적인 직장이 최고야' 하는 생각으로 진로를 결정합니다. 물론 현실적인 고민도 중요합니다. 하지만 저는 수많은 분들과 상담하면서 직접 눈으로 보고 깨달았습니다. 자신의 타고난 성향과 맞는 일을 하면서 보내는 10년과, 맞지 않는 일을 하면서 보낸 10년은, 그 결과가 크게 다르다는 것을요.

사주에서 각 사람은 날 때부터 고유한 특성, 일간을 가지고 태어납니다. 이 일간에 따라 어떤 분야에서 자연스럽게 재능을 발휘할 수 있는지가 정해져 있습니다. 마치 물고기는 물에서, 새는 하늘에서 자유롭게 살 수 있는 것처럼, 사람도 자신에게 맞는 환경에서 일할 때 훨씬 효율적으로 성과를 낼 수 있습니다.

반대로 자신과 맞지 않는 분야에서 일하면 아무리 노력해도 남들보다 뒤처지거나, 스트레스가 과도하게 쌓이거나, 성장의 한계를 느끼게 됩니다. 20~30대는 인생의 기반을 만드는 중요한 시기이기 때문에, 이때의 선택이 40~50대의 성과로 이어집니다.

갑목 - 큰 나무처럼 우뚝 서는 리더

갑목 일간으로 태어난 분들은 큰 나무의 특성을 가지고 있습니다. 곧고 꿋꿋하며, 자연스럽게 다른 사람들을 이끄는 리더십을 발휘합니다.

이런 분들에게 가장 적합한 분야는 경영, 교육, 창업, 관리직 등입니다. 갑목은 본래 앞장서서 이끄는 성향이 강하기 때문에, 스스로 결정하고 책임질 수 있는 일이 잘 맞습니다.

특히 교육 분야에서 갑목의 재능이 잘 발휘됩니다. 학생들을 가르치고 이끄는 일, 사람들에게 새로운 지식을 전달하는 일에서 자연스럽게 두각을 나타냅니다. 창업도 좋은 선택입니다. 남이 만든 시스템 안에서 일하기보다는 스스로 틀을 만들어가는 일이 갑목의 성향과 잘 맞으니까요.

반대로 갑목이 피해야 할 분야는 단순 반복 업무나 남의 지시에만 따라야 하는 일입니다. 공장에서 똑같은 작업을 반복하거나, 매뉴얼대로만 일해야 하는 환경에서는 갑목의 장점이 살아나지 않습니다.

을목 - 유연한 꽃처럼 적응하는 예술가

을목 일간은 작은 나무나 꽃의 특성을 가지고 있습니다. 유연하고 섬세하며, 변화하는 환경에 잘 적응합니다. 예술적 감각도 뛰어납니다.

을목에게 가장 적합한 분야는 디자인, 예술, 서비스업, 상담 등입니다. 사람들과 소통하고, 아름다운 것을 만들어내고, 섬세한 감각이 필요한 일에서 뛰어난 재능을 발휘합니다.

특히 을목은 상대방의 마음을 잘 이해하는 능력이 있어서, 상담이나 서비스업에서 성공하는 경우가 많습니다. 고객의 욕구를 정확히 파악하고, 그에 맞는 서비스를 제공하는 일에 천부적인 재능이 있기 때문이죠.

을목이 피해야 할 환경은 과도한 경쟁이 필요한 회사나 딱딱하고 경직된 조직입니다. 을목의 유연함과 섬세함이 오히려 약점이 될 수 있는 환경이기 때문입니다.

병화 – 태양처럼 밝은 에너지의 소유자

병화 일간은 태양의 특성을 가지고 있습니다. 밝고 적극적이며, 주변 사람들에게 에너지를 전달하는 능력이 뛰어납니다.

병화에게 가장 적합한 쪽은 영업, 마케팅, 방송, 엔터테인먼트 등의 분야입니다. 사람들 앞에 나서는 일, 많은 사람들과 소통하는 일에 잘 맞고 에너지가 넘치는 환경에서 최고의 능력을 발휘합니다.

영업직은 병화에게 천직이라고 할 수 있습니다. 밝은 에너지로 고객들을 설득하고, 적극적인 성향으로 목표를 달성하는 일에 타고난 재능이 있습니다. 방송이나 연예 분야 등 많은 사람들 앞에서 자신의 매력을 발산하는 일에도 자연스럽게 끌리고, 좋은 성과를 냅니다.

반대로 병화가 피해야 할 환경은 혼자서 조용히 해야 하는 일이나 너무 정적인 업무 환경입니다. 병화의 에너지를 발산할 곳이 없으면 오히려 스트레스가 쌓이고 능력을 제대로 발휘하지 못합니다.

정화 - 촛불처럼 따뜻한 치유자

정화 일간은 촛불의 특성을 가지고 있습니다. 따뜻하고 부드러우며, 다른 사람들을 배려하고 조화를 추구합니다.

정화에게 가장 적합한 분야는 의료, 상담, 교육, 사회 복지 등입니다. 다른 사람들을 돕고 치유하는 일, 따뜻한 마음으로 사람들을 대하는 일에서 뛰어난 능력을 발휘합니다.

특히 상담 분야에서 정화의 재능이 잘 드러납니다. 상대방의 마음을 깊게 이해하고 공감하는 능력, 따뜻한 말로 위로하는 능력을 타고났기 때문입니다. 의료진이나 사회 복지사로 일하는 정화도 많습니다. 아픈 사람들을 돌보고 어려운 사람들을 돕는 일에서 보람을 느끼고 성과도 냅니다.

정화가 피해야 할 환경은 과도한 경쟁이 필요한 곳이나 냉정한 판단만 요구되는 일입니다. 정화의 따뜻함과 배려심이 오히려 방해가 될 수 있는 환경은 맞지 않습니다.

무토 일간은 큰 산의 특성을 가지고 있습니다. 안정적이고 신뢰할 수 있으며, 끈기 있게 일을 추진하는 능력이 뛰어납니다.

무토에게 가장 적합한 분야는 건설, 부동산, 금융, 공무원 등입니다. 안정성과 신뢰성이 중요한 분야, 장기적인 관점에서 꾸준히 일해야 하는 분야에서 최고의 능력을 발휘합니다.

부동산이나 건설 분야는 무토에게 천직입니다. 땅과 건물을 다루는 일은 무토의 본래 특성과 정확히 일치합니다. 금융권도 마찬가지입니다. 안전하고 신뢰할 수 있는 투자, 장기적인 자산 관리 등에서 뛰어난 성과를 냅니다. 공무원도 무토에게 잘 맞는 직업입니다. 안정적인 환경에서 꾸준히 일하면서 사회에 기여하는 일에 만족감을 느끼고 좋은 성과를 냅니다.

반대로 무토가 피해야 할 분야는 변화가 너무 잦은 곳이나 유행을 계속 따라가야 하는 일입니다. 무토의 안정성과 꾸준함이 오히려 단점이 될 수 있는 환경이거든요.

기토 - 넓은 평야처럼 꼼꼼한 관리자

기토 일간은 넓은 평야의 특성을 가지고 있습니다. 꼼꼼하고 세심하며, 사람들을 친절하게 대하는 능력이 있습니다.

기토에게 가장 적합한 분야는 요리, 농업, 관리 업무, 서비스업 등입니다. 세심한 관리가 필요한 일, 사람들을 정성스럽게 돌보는 일에서 최고의 능력을 발휘합니다.

요리 분야는 기토에게 매우 잘 맞는 일입니다. 재료 하나하나를 세심하게 다루고, 정성을 들여 음식을 만드는 과정이 기토의 본래 특성과 완벽하게 일치하거든요. 농업도 마찬가지입니다. 식물을 애정을 담아 키우고 관리하는 일에서 큰 만족감을 느끼고 좋은 성과를 냅니다. 관리 업무나 서비스업에서도 기토의 재능이 잘 드러납니다. 꼼꼼하게 정리하고 관리하는 능력, 상대방에게 친절하게 대하는 능력이 큰 장점이 됩니다.

기토가 피해야 할 환경은 너무 거칠거나 대충 해도 되는 일입니다. 기토의 세심함과 정성이 인정받지 못하는 환경에서는 스트레스를 받고 제대로 능력을 발휘하지 못합니다.

경금 일간은 큰 바위나 가공되지 않은 쇠의 특성을 가지고 있습니다. 정의감이 강하고 원칙을 중시하며, 결단력과 책임감이 뛰어납니다.

경금에게 가장 적합한 분야는 법률, 의료, 공안, 전문직 등입니다. 명확한 기준과 원칙이 중요한 분야, 전문성이 필요한 분야에서 최고의 능력을 발휘합니다.

경금에게 천직은 법조계입니다. 정의감과 원칙을 바탕으로 옳고 그름을 판단하는 일, 명확한 법적 기준을 적용하는 일에서 뛰어난 능력을 보입니다. 의료진도 마찬가지입니다. 생명을 다룬다는 책임감을 가져야 하고 정확한 전문 지식이 필요한 일이라 경금의 특성이 잘 발휘됩니다. 경찰이나 군인 같은 공안 분야도 경금에게 잘 맞습니다. 사회의 질서를 지키고 원칙을 세우는 일에서 사명감을 느끼고 좋은 성과를 냅니다.

반대로 경금이 피해야 할 분야는 기준이 애매한 종류의 일이나 감정적 판단이 주로 필요한 일입니다. 경금의 명확함과 원칙주의가 오히려 방해가 될 수 있는 환경이기 때문이죠.

신금 - 보석처럼 정밀한 완벽주의자

신금 일간은 보석이나 날카로운 칼의 특성을 가지고 있습니다. 정밀하고 논리적이며, 완벽함을 추구하는 성향이 강합니다.

신금에게 가장 적합한 분야는 IT, 디자인, 정밀 기계, 연구 등입니다. 정확성과 완벽함이 중요한 분야, 논리적 사고가 필요한 분야에서 최고의 능력을 발휘합니다.

IT 분야는 신금에게 정말 잘 맞는 일입니다. 신금은 코딩이나 시스템 설계처럼 정확하고 논리적인 작업, 완벽함을 요구하는 일에서 뛰어난 재능을 보입니다. 디자인 분야도 마찬가지입니다. 미적 감각과 정밀함을 동시에 요구하는 일에서 신금의 특성이 잘 드러납니다. 연구직도 신금에게 적합합니다. 꼼꼼하게 분석하고 완벽한 결과를 도출하는 일, 논리적으로 사고하는 일에서 큰 성과를 냅니다.

신금이 피해야 할 환경은 대충대충 해도 되는 일이나 감정적 소통을 주로 하는 일입니다. 신금의 완벽주의와 논리성이 오히려 장애가 될 수 있는 환경은 잘 맞지 않습니다.

임수 일간은 바다나 호수의 특성을 가지고 있습니다. 사고가 빠르고 유연하며, 큰 그림을 그리는 기획력이 뛰어납니다.

임수에게 가장 적합한 분야는 유통, 물류, 기획, 컨설팅 등입니다. 흐름을 파악하고 전체적인 시스템을 설계하는 일, 빠른 판단력이 필요한 업무에서 최고의 능력을 발휘합니다.

특히 유통이나 물류 분야는 임수에게 천직입니다. 물건이나 정보의 흐름을 파악하고 효율적으로 관리하는 일은 물의 특성과 정확히 맞습니다. 기획 업무도 마찬가지입니다. 전체적인 그림을 그리고 체계적으로 계획을 세우는 일에서 뛰어난 능력을 보입니다. 컨설팅도 임수에게 딱 맞는 일입니다. 빠르게 상황을 파악하고 현실적인 해결책을 제시하는 데에서 임수의 재능이 잘 드러납니다.

반대로 임수가 피해야 할 분야는 한곳에 고정되어 변화 없이 하는 반복적인 일입니다. 임수의 유연함과 기획력이 발휘될 수 없는 환경에서는 답답함을 느끼고 능력을 제대로 발휘하지 못합니다.

계수 - 비처럼 섬세한 분석가

계수 일간은 비나 이슬의 특성을 가지고 있습니다. 섬세하고 꼼꼼하며, 깊이 있게 분석하는 능력이 뛰어납니다.

계수에게 가장 적합한 분야는 연구, 분석, 회계, 데이터 관련 일 등입니다. 정확한 분석이 필요한 일, 세밀한 작업이 중요한 일에서 최고의 능력을 발휘합니다.

연구직은 계수에게 매우 잘 맞는 일입니다. 깊이 있게 파고들어 분석하고, 정확한 결과를 도출하는 일에서 뛰어난 재능을 보입니다. 회계나 재무 분야도 마찬가지입니다. 숫자 하나하나를 정확하게 계산하고 분석하는 일에서 계수의 특성이 잘 발휘됩니다. 요즘 각광받고 있는 데이터 분석 분야도 계수에게 적합합니다. 방대한 데이터를 꼼꼼하게 분석하고 의미 있는 결과를 찾아내는 작업에서 큰 성과를 냅니다.

계수는 너무 시끄러운 환경은 피해야 합니다. 그리고 대략적으로 감을 잡아 하는 일도 잘 맞지 않습니다. 계수의 섬세함과 정확성이 인정받지 못하는 환경에서는 스트레스를 받고 능력이 억눌리게 됩니다.

현실과 이상 사이의 균형 잡기

지금까지 일간별로 적합한 진로에 대해 알아봤습니다. 하지만 현실적으로 자신에게 맞는 일을 바로 시작하기는 쉽지 않습니다. 경제적인 문제나 가족의 반대가 있을 수도 있고, 사회적 인식 등 여러 제약도 있죠. 저도 예전엔 그랬습니다. 하고 싶은 마음은 분명했지만 당장 도전하기엔 무섭고, 주변의 시선도 신경이 쓰였죠. 그래서 늘 말씀드리는 게 있습니다. 현실과 꿈 사이에는 '단계'라는 다리가 필요하다는 겁니다.

단계적으로 접근해 봅시다. 일단 현재 상황에서 할 수 있는 일부터 시작하되, 자신의 특성을 조금씩이라도 살릴 수 있는 방향으로 나아가는 것입니다. 이렇게 조금씩 방향을 틀어가다 보면 나중에는 정말 큰 변화가 이뤄집니다.

갑목 일간인데 당장 창업하기가 어렵다면, 회사에서라도 프로젝트를 이끄는 역할을 맡거나 팀장 역할에 자원하는 것부터 시작할 수 있습니다. 갑목은 앞장서서 판을 여는 힘이 있기 때문에 이런 경험을 쌓기만 해도 기운이 훨씬 살아나거든요.

을목 일간이 예술 분야로 바로 가기 어렵다면, 현재 직장에서 디자인 등 관련된 업무를 담당하거나 고객 서비스 쪽으로 이동하는 것을 고려해 볼 수 있습니다. 을목은 섬세함과 감각이 강해서 아주 작은 역할 변화만으로도 금방 빛이 납니다.

병화 일간이라면 바로 강의나 홍보 분야로 움직이기 부담스러워도 괜찮습니다. 일단 지금 자리에서 발표나 아이디어 제안 같은 '빛을 내는 행동'을 조금씩 시작해 보면 병화의 에너지가 살아날 겁니다.

반대로 정화 일간이라면 조용히 사람을 따뜻하게 비추는 힘이 있으니, 팀 내에서 후배 멘토링이나 누군가를 도와주는 역할부터 차근차근 시작하면 좋습니다.

무토 일간은 바로 부동산이나 경영 쪽으로 가지 못하더라도, 회사에서 운영이나 관리 업무를 맡아보면 기질이 자연스럽게 드러납니다.

기토 일간이라면 현실 문제를 부드럽게 해결하는 능력이 강하니, 팀의 잡다한 문제를 정리해 주거나 내부 커뮤니케이션을 도와주는 역할을 하면서 자연스럽게 중심이 될 수 있습니다.

경금 일간은 전문성이 핵심이죠. 바로 전문직으로 시작하기 어렵다면 데이터 관리, 기준 설정, 품질 점검 같은 일을 맡아보세요. 자신에게 맞는 흐름을 훨씬 잘 만들 수 있습니다.

신금 일간은 디테일과 감각이 탁월하기 때문에 지금 자리에서라도 시각화 작업이나 세부 검토 같은 업무를 조금씩 담당하면 강점이 드러나기 시작할 겁니다.

임수 일간은 흐름을 보고 구조를 파악하는 능력이 좋으니, 지금 당장 전략직으로 가지 않더라도 팀의 문제 원인을 분석하거나 프로세스를 개선하는 역할을 조금씩 해보면 임수의 기운이 크게 살아날 거예요.

마지막으로 계수 일간은 사람의 마음을 읽고 깊게 파고드는 성향이 있기 때문에 바로 상담이나 교육 분야로 가지 못해도 고객의 실제 니즈를 분석하거나 섬세함이 필요한 일을 맡아보는 것만으로도 기질을 살릴 수 있습니다.

중요한 것은 자신의 특성을 정확히 아는 것입니다. 그러면 어떤 환경에서든 자신의 장점을 살릴 방법을 찾을 수 있습니다.

초년운 진로 선택의 핵심

초년운에서 가장 중요한 것은 자신이 어떤 일간인지 정확히 파악하고, 그에 맞는 분야에서 경험을 쌓는 것입니다. 설령 당장 이상적인 직업을 갖지 못하더라도, 자신의 특성을 조금씩 살려

가면서 방향을 잡는 것이 중요합니다.

20~30대에 쌓은 경험과 네트워크는 40~50대에 큰 자산이 됩니다. 자신에게 맞는 분야에서 쌓은 10년의 경험과 맞지 않는 분야에서 보낸 10년의 차이는 중년운에서 확연히 갈립니다. 지금이라도 늦지 않았습니다. 자신의 일간을 확인하고, 그에 맞는 방향으로 조금씩 움직여 보세요.

중년운에서 중요한 것 - 재물, 인간관계

+ + +

초년운과 중년운, 무엇이 달라져야 하는가

20~30대 초년운은 탐색과 발견의 시기였습니다. 내가 누구인지, 무엇을 잘하는지, 어떤 사람들과 맞는지를 찾아가는 과정이었죠. 이 시기에는 다양한 시도를 해보고, 여러 사람들을 만나면서 경험을 쌓는 것이 중요합니다.

하지만 40~50대 중년운에 접어들면 상황이 완전히 달라집니다. 이제는 탐색의 시기가 아니라 활용과 최적화의 시기입니다. 초년운에서 찾아낸 답들을 바탕으로 어떻게 더 효율적이고 행복하게 살 것인가가 핵심이 됩니다.

중년운에서도 행동력은 여전히 필요합니다. 오히려 초년의 시기보다 더 중요할 수도 있습니다. 하지만 20~30대처럼 무작정 시도하고 부딪혀보는 방식으로는 안 됩니다. 이미 어느 정도 검증된 결과들을 바탕으로 더 정교하고 최적화된 행동을 해야 합니다.

가장 큰 차이점은 관계에 대한 접근 방식입니다. 초년운에서는 '누가 나와 맞을까?'를 찾는 것이 목표였다면, 중년운에서는 '이미 나와 맞다는 걸 확인한 사람들과 어떻게 더 깊은 관계를 만들어갈까?'를 목표로 세워야 합니다.

사주적으로 보면 중년운은 대운이 안정기에 접어드는 시기입니다. 급격한 변화보다는 점진적인 발전과 심화가 더 중요해집니다. 이때 가장 큰 자산이 되는 것이 바로 초년운에서 쌓아온 검증된 인간관계입니다.

중년운에서 성공한 사람들의 공통점

중년운에서 성공하는 분들의 공통점은 새로운 사람을 계속 만나려고 애쓰기보다는, 이미 관계가 형성된 사람들과 더 깊은 유대를 쌓아간다는 점입니다.

초년운에서는 인맥의 폭을 넓히는 것이 중요했습니다. 많은 사람들을 만나고, 다양한 경험을 하면서 '이 사람은 나와 맞는구나', '이 사람과는 일이 잘 풀리는구나' 하면서 곁에 둘 사람을 발견하는 과정이었죠.

중년운에서는 그 반대입니다. 이미 나와 맞다는 것이 검증된 사람들과 더 두터운 관계를 만드는 것이 훨씬 효율적입니다. 새로운 사람을 만나서 다시 처음부터 관계를 쌓는 것보나, 기존 관계를 심화시키는 것이 시간도 절약되고 결과도 더 좋습니다.

중년운에서 큰 성과를 내는 분들을 보면, 대부분 초년운부터 관계를 맺어온 사람들과 더 큰 일을 함께하고 있는 경우가 많습니다. 새로운 사업을 시작할 때도 처음 보는 사람과 하는 것이 아니라, 이미 작은 일들을 성공적으로 해본 사람들과 함께하는 경우가 많았습니다.

이것이 바로 중년운의 지혜입니다. 무작정 새로운 것을 추구하기보다는, 이미 검증된 결과물을 더 잘 활용하는 것이 훨씬 현명한 선택이라는 것을 아는 겁니다.

나와 궁합이 맞는 사람들과의 관계 심화 전략

그렇다면 구체적으로 어떻게 하면 기존 관계를 더 깊게 만들어갈 수 있을까요?

첫 번째는 정기적인 만남을 유지하는 겁니다. 바쁘다는 핑계로 가까운 사람들과의 만남을 소홀히 하면 안 됩니다. 오히려 중년운에서는 이런 만남이 더 중요해집니다. 한두 달에 한 번이라도 좋으니 꾸준히 만나면서 서로 근황을 나누고, 함께할 수 있는 일을 찾아가야 합니다.

두 번째는 서로의 성장을 도와주는 겁니다. 내가 잘될 때 함께 잘되도록 도와주고, 상대방이 어려울 때는 내가 도움을 주는 관계를 만들어가야 합니다. 이런 관계가 바로 중년운에서 가장 큰 자산이 됩니다.

세 번째는 각자의 전문성을 인정하고 활용하는 겁니다. 초년운에서는 모든 것을 혼자 하려고 애썼다면, 중년운에서는 각자 잘하는 분야를 나누어서 협력하는 것이 훨씬 효율적입니다.

예를 들어 갑목 일간은 중년운에서 병화나 정화 일간과의 관계를 더 깊게 만들어가는 것이 좋습니다. 갑목의 추진력에 화의 활력이 더해지면 더 큰 성과를 낼 수 있기 때문입니다. 을목 일간은 갑목이나 임수, 계수 일간과의 관계에 더 집중하는 것이 효과적입니다. 을목의 유연함이 제대로 발휘되려면 든든한 지지와 지속적인 도움이 필요하기 때문입니다.

이처럼 각 일간마다 중년운에서 중점적으로 관리해야 할 관계의 유형이 있습니다. 자신의 사주와 잘 맞는 일간은 앞서 103쪽 상생 관계 파트에서 자세히 설명해 드렸으니 다시 살펴봅시다.

함께하는 일의 힘

중년운에서는 혼자 하는 일보다 함께하는 일이 훨씬 효율적입니다. 체력적으로도 20~30대보다 못하고, 새로운 것을 배우는 속도도 느려지기 때문에 혼자서 모든 것을 감당하기가 어렵습니다. 하지만 나와 맞는 사람들과 함께한다면 이야기가 달라집니다. 내가 부족한 부분은 상대방이 채워주고, 상대방이 부족한 부분은 내가 채워주면서 1+1=3의 효과를 낼 수 있습니다.

예를 들어 내가 기획은 잘하지만 행동이 약하다면, 실행력이 뛰어난 사람과 함께 일하는 것이 좋습니다. 내가 추진력은 있지만 세심함이 부족하다면, 꼼꼼한 사람과 팀을 이루는 것이 효과적입니다.

중년운에서 중요한 것은 자기 혼자 모든 것을 다 잘하려고 애쓰는 것이 아니라, 내가 정말 잘하는 것에 집중하고 나머지는 나의 부족한 면을 잘 해내는 사람들과 함께하는 것입니다.

이런 협력이 제대로 이루어지려면 무엇보다 신뢰 관계가 중요합니다. 그리고 이런 신뢰 관계는 하루아침에 만들어지는 것이 아닙니다. 초년운부터 함께 작은 일들을 해보면서 서로를 검증해 온 관계에서만 가능한 일입니다.

재물과 행복의 균형점 잡기

중년운에서 또 하나 중요한 것은 돈만 좇으면 안 된다는 것입니다. 물론 재물도 중요하지만, 재물만 추구하다 보면 정작 중요한 인간관계를 잃을 수 있습니다.

진정한 중년운의 성공은 재물과 행복을 동시에 얻는 것입니다. 돈을 벌면서도 함께 일하는 사람들과 좋은 관계를 유지하고, 가족과도 화목하게 지내는 것이 진짜 성공입니다.

이를 위해서는 경쟁보다는 협력의 마인드가 필요합니다. 나만 잘되려고 하지 말고, 함께 잘되는 방법을 찾아야 합니다. 그래야 관계도 오래가고, 재물도 지속적으로 들어올 수 있습니다.

제가 상담에서 만나본, 중년운에서 진정한 성공을 거두는 분은 모두 '함께 성장하는 마음'을 가진 분들이었습니다. 자신만 이익을 취하려고 하지 않고, 주변 사람들도 함께 잘될 수 있는 방법을 고민하는 분들이 결국 더 큰 성과를 거두는 걸 무수히 목격했습니다.

말년운까지 이어지는 관계 자산

중년운에서 쌓은 인간관계는 말년운의 가장 큰 자산이 됩니다. 나이가 들어서 체력이 약해지고 새로운 것을 배우기 어려워질 때, 평생을 함께해 온 사람들과의 관계가 얼마나 소중한지 알게 됩니다. 따라서 중년운에서는 단기적인 이익에만 집중하지 말고, 장기적인 관점에서 관계를 관리해야 합니다. 지금 당장 도움이 되지 않는다고 해서 관계를 소홀히 하면 안 됩니다. 언젠가는 그 관계가 큰 도움이 될 수 있습니다.

중년운의 핵심은 '함께 더 잘, 행복하게'입니다. 혼자서 모든 것을 해결하려고 애쓰지 말고, 나와 맞는 사람들과 함께 최적화된 방법으로 일하면서 재물과 행복을 동시에 추구하는 것입니다.

이것이 바로 중년운에서 가장 현명한 선택이고, 말년운까지 행복하게 살 수 있는 비결입니다.

말년운에서 중요한 것 - 건강

+ + +

말년운에서 건강의 진정한 의미

흔히 말년운에서 건강이 중요하다고 말하면 단순히 병에 걸리지 않는 걸 상상하기 쉽습니다. 하지만 진정한 의미는 그보다 훨씬 포괄적입니다. 말년운에서 건강이 중요한 이유는 그동안 쌓아온 소중한 관계들을 지키고, 내가 가진 특성을 활용해서 주변 사람들에게 베풀고 배려하는 삶을 계속 살아야 하기 때문입니다.

초년운에서는 탐색이 중요했습니다. 내가 누구인지, 무엇을 잘하는지, 어떤 사람들과 맞는지를 찾아가는 시기였죠. 중년운에서는 그렇게 찾아낸 것들을 최적화하는 것이 중요했습니다. 나와 맞는 사람들과 더 깊은 관계를 만들고, 내가 잘하는 일을 더 효율적으로 해서 재물과 행복을 동시에 얻는 시기였습니다. 말년운은 유지와 전수의 시기입니다. 그동안 찾아낸 '나다운 삶' 을 지켜나가면서, 동시에 후배나 가족에게 배운 것들을 전해주는 시기입니다. 이런 삶을 살기 위해서는 무엇보다 건강이 뒷받침되어야 합니다.

몸이 아프면 아무것도 할 수 없습니다. 가족들과 시간을 보내고 싶어도 힘이 없어서 못하게 되고, 친구들과 만나고 싶어도 컨디션이 안 좋아서 약속을 취소하게 됩니다. 무엇보다 다른 사람들에게 베풀고 배려하고 싶은 마음이 있어도, 자신을 돌보기만으로도 벅차 아무것도 할 수 없는 상황이 되어버립니다.

사주적으로 보면 말년운은 대운이 안정기에 접어들면서 급격한 변화보다는 기존의 것들을 잘 유지하는 게 중요한 시기입니다. 새로운 도전이나 큰 변화를 추구하기보다는, 이미 가지고 있는 것들을 잘 지키면서 주변 사람들과 조화롭게 지내는 것이 말년운의 올바른 방향입니다.

관계 유지를 위한 건강의 필요성

말년운에서 가장 소중한 자산은 그동안 쌓아온 인간관계입니다. 가족, 친구, 동료와의 관계가 말년운의 행복을 좌우합니다. 하지만 이런 관계들을 유지하려면 건강이 필수적입니다.

건강하지 못하면 관계도 자연스럽게 소원해집니다. 몸이 아프면 만나는 것 자체가 부담이 되고, 상대방도 점점 연락을 덜 하게 됩니다. 처음에는 걱정해 주고 챙겨주지만, 시간이 지나면서 관계가 일방적이 되어버립니다.

반대로 건강하면 관계도 자연스럽게 좋아집니다. 함께 식사를 하고, 여행을 가고, 취미 활동을 하면서 더 깊은 관계가 만들어집니다. 무엇보다 건강해야 다른 사람들을 챙기고 도울 수 있는 여력이 생깁니다.

상담을 통해 만난 말년운을 행복하게 보내시는 분들을 보면, 모두 건강 관리를 잘하고 있는 듯합니다. 큰 병이 없는 것은 물론이고, 작은 불편함도 미리 관리해서 일상생활에 지장이 없도록 합니다. 그래서 가족들과의 시간도 즐기고, 친구들과의 만남도 즐기면서 활기찬 말년운을 보내고 있습니다.

건강 관리는 단순히 개인의 문제가 아닙니다. 내가 건강해야 주변 사람들도 편하고, 함께 행복한 시간을 보낼 수 있습니다. 이것이 바로 말년운에서 건강이 중요한 이유입니다.

사주 특성을 활용한 말년운 건강 관리

말년운의 건강 관리는 젊을 때와는 접근 방식이 달라야 합니다. 20~30대처럼 무리해서 운동하거나 지나친 다이어트를 할 필요가 없습니다. 오히려 내 사주 특성에 맞는 자연스러운 방법으로 건강을 관리하는 것이 더 효과적입니다.

갑목 일간의 경우, 원래 활동적인 성향이 강하기 때문에 말년운에서도 적당한 활동을 유지하는 것이 좋습니다. 다만 젊을 때처럼 격렬한 운동보다는 등산이나 산책 같은 부드러운 활동이 적합합니다. 갑목은 나무의 기운이므로 자연과 함께하는 활동을 하면 기분도 좋아지고 건강에도 도움이 됩니다. 을목 일간은 원래 유연한 성향이므로 말년운에서도 무리하지 않는 것이 중요합니다. 요가나 스트레칭 같은 부드러운 운동이 좋고, 특히 스트레스를 받지 않도록 마음 관리에 신경 써야 합니다. 을목은 예민한 편이므로 충분한 휴식과 안정이 필요합니다.

태양의 병화, 촛불의 정화 같은 화 기운이 강한 분들은 말년운에서 너무 흥분하거나 과도하게 활동하지 않도록 주의해야 합니다. 적당한 사회 활동은 좋지만, 너무 많은 사람들과 만나거나 복잡한 일에 관여하는 것은 피하고 마음을 차분하게 유지하는 편이 건강에 도움이 됩니다.

큰 땅의 무토나 작은 땅의 기토 분들은 규칙적인 생활이 가장 중요합니다. 일찍 자고 일찍 일어나고, 정해진 시간에 식사하는 것만으로도 건강을 크게 개선할 수 있습니다. 토는 안정을 추구하는 기운이므로 급작스러운 변화보다는 꾸준한 관리가 효과적입니다.

단단한 금속의 경금, 세밀한 금속의 신금 분들은 정확하고 체계적인 건강 관리가 적합합니다. 정기 검진을 빠뜨리지 않고, 의사의 지시를 정확히 따라야 합니다. 금은 정밀함을 추구하는 기운이므로 대충 하지 말고 꼼꼼하게 관리해야 합니다.

큰 물의 임수, 작은 물의 계수 같은 수 기운이 강한 분들은 스트레스 관리가 특히 중요합니다. 수는 감정과 관련이 깊은 기운이므로 마음이 안정되어야 몸도 건강해집니다. 명상이나 독서 같은 조용한 활동을 통해 마음을 다스리는 것이 건강에 큰 도움이 됩니다.

나와 잘 맞는 사람들과의 건강한 관계 유지

말년운에서는 이미 쌓아둔 좋은 관계들을 어떻게 건강하게 유지할 것인가가 중요합니다. 초년운처럼 새로운 사람들을 많이 만날 필요는 없습니다. 자신과 진짜 잘 맞는 소중한 사람들과 관계를 더 깊고 편안하게 만들어가는 것이 말년운의 지혜입니다. 여기서 중요한 것은 서로에게 도움이 되는 관계를 유지하는 것입니다. 한쪽만 일방적으로 베풀거나 받는 관계는 오래길 수 없습니다. 내가 도움을 줄 수 있을 때는 기꺼이 도와주고, 내가 도움이 필요할 때는 편안하게 요청할 수 있는 관계가 건강한 관계입니다.

말년운에서는 특히 정신 건강이 중요해집니다. 외로움이나 우울감은 신체에 직접적인 영향을 미칩니다. 이는 과학적 사실로도 자세히 밝혀져 있죠. 따라서 정기적으로 사람들을 만나 이야기를 나누고, 서로의 안부를 확인하는 관계들을 잘 유지해야 합니다. 다만 여기서 주의해야 할 것은 모든 관계를 다 유지하려고 애쓰지 말라는 겁니다. 말년운에는 체력과 시간이 한정되어 있습니다. 정말 소중한 사람들과의 관계에 집중하고, 나머지는 자연스럽게 정리되도록 두는 것이 현명합니다.

말년운의 핵심 메시지

나를 지키면서 베푸는 삶을 이루기

말년운에서 많은 분들이 고민하는 것이 '어디까지 베풀어야 하는가'입니다. 경험과 지혜가 쌓인 만큼 주변에서 도움을 요청하는 경우가 많아지거든요. 하지만 무조건 베풀기만 한다면 자신이 먼저 지쳐버릴 수 있습니다.

말년운에서 중요한 것은 '나를 지키면서 베푸는 것'입니다. 내가 건강하고 안정적이어야 다른 사람들에게도 진정한 도움을 줄 수 있습니다. 자신을 희생해서 남을 돕는 것은 일시적으로는 좋아 보일지 몰라도, 장기적으로는 나와 타인 모두에게 손해입니다.

따라서 말년운에서는 명확한 경계선을 설정하는 것이 중요합니다. 내가 할 수 있는 것과 없는 것을 구분하고, 할 수 있는 범위 내에서 최선을 다합시다. 이것이 건강한 베풂입니다.

자녀들이 도움을 요청할 때도 무조건 들어주기보다는, 정말 필요한 도움인지, 내가 해줄 수 있는 일인지를 잘 판단해서 결정하는 것이 좋습니다. 때로는 직접 도와주는 것보다 조언을 해주거나 다른 방법을 제시하는 것이 더 현명한 방법입니다.

지속가능한 말년운 라이프 스타일

말년운에서 가장 중요한 것은 지속가능성입니다. 한두 해 잘 지내는 게 아니라, 오랫동안 건강하고 행복하게 지내는 것이 목표입니다. 이를 위해서는 건강, 관계, 베풂이 선순환을 이루는 생활 패턴을 만들어야 합니다.

건강하게 지내면 좋은 관계를 유지할 수 있고, 좋은 관계를 유지하면 마음이 편안해져서 정신과 신체에도 도움이 됩니다. 게다가 건강하고 관계가 좋으면 다른 사람들에게 베풀 수 있는 여력이 생기고, 베풀면서 느끼는 보람이 다시 건강과 관계에 좋은 영향을 미치지요.

상담을 통해 만난 말년운을 정말 행복하게 보내는 분들을 보면, 이런 선순환 구조를 잘 만들어가고 있습니다. 무리하지 않으면서도 꾸준히 활동하고, 가족이나 친구와도 좋은 관계를 유지하면서, 자신의 경험과 지혜를 후배들에게 나누어주는 삶을 살고 있죠.

말년운은 마무리의 시기가 아니라 완성의 시기입니다. 그동안 쌓아온 모든 것들이 조화롭게 어우러져서 진정으로 아름다운 삶을 만들어가는 때죠. 이런 삶을 살기 위해서는 무엇보다 건강이 뒷받침되어야 하고, 그 건강은 나 혼자만의 것이 아니라 주변 사람들과 함께 만들어가는 것이라는 점을 기억해야 합니다.

천 명의 운명을 바꾼 사연남의 사주 입문서

부를 끌어당기는
내 사주 사용법

펴낸날 초판 1쇄 2025년 12월 31일

지은이 사연남

발행인 임호준
출판 팀장 정영주
편집 조유진 박인애
디자인 김지혜 | **마케팅** 이규림 정서진
경영지원 박정식 유태호 신혜지 최단비 김현빈

인쇄 도담프린팅

펴낸곳 비타북스 | **발행처** (주)헬스조선 | **출판등록** 제2-4324호 2006년 1월 12일
주소 서울특별시 중구 세종대로 21길 30 | **전화** (02) 724-7648 | **팩스** (02) 722-9339
인스타그램 @vitabooks_official | **포스트** post.naver.com/vita_books | **블로그** blog.naver.com/vita_books

©사연남, 2025

ISBN 979-11-5846-455-4 03190

비타북스는 독자 여러분의 책에 대한 아이디어와 원고 투고를 기다리고 있습니다.
책 출간을 원하시는 분은 이메일 vbook@chosun.com으로 간단한 개요와 취지, 연락처 등을 보내주세요.

비타북스는 건강한 몸과 아름다운 삶을 생각하는 (주)헬스조선의 출판 브랜드입니다.